수퍼플루이드
경영 전략

미래 산업에 대한 흥미로운 전망이 가득한 책. '수퍼플루이드 경영 전략'은 4차 산업혁명 시대를 살고 있는 우리가 꼭 한 번 고민해봐야 할 문제들을 다루고 있는 책이다. 글로벌 회계 · 컨설팅 법인 EY한영의 전문가들이 전망하는 수퍼플루이드 시대의 비즈니스 변화를 통해 미래 비즈니스의 해답을 찾을 수 있다.

_ **권오규** 전 경제부총리

중간 유통이나 중개 과정 없이 상품이나 서비스를 생산자와 소비자가 직접 거래할 수 있는 '수퍼플루이드' 경영환경에서 디지털을 뛰어넘는 초디지털 시대의 산업 변화와 전망, 국내 기업의 대처 방안을 위한 지침이 담겨 있는 책. 이미 변화는 시작되고 있다.

_ **김범수** 카카오 의장

책을 읽기 전에 '수퍼플루이드'라는 멋진 말에 끌렸다. 경영관련 서적에 물리학 용어라. 움직이는 동안 마찰이 전혀 없어 운동 에너지를 잃지 않는 액체인 '초유체'를 의미하는 말이라고 한다. 그게 산업적인 관점에서는 수요와 공급, 생산자와 판매자가 직접 연결되는, 즉 플랫폼 경제 상황에 적용할 수 있다는 것이다. 나는 그동안 정부나 연구소에서 빠른 추격자(fast follower)의 시대는 가고 우월한 선도자(first mover)만 생존한다고 기업들을 겁박(?)할 때 속으로 코웃음 쳤다. "빠른 추격자가 어디가 어때" 하고. "우월한 선도자 외치다가 망한 데가 어디 한두 군데인가" 하고. 그러면서도 한편으로는 정말 빠른 추격자는 이제 잘 안 되는구나라는 어렴풋한 믿음이 생겨나는 시점에서 이 책을 읽었다. 거기에 해답이 있었다. 플랫폼 경제에서 을(乙)이라고 생각하는 기업인들, 그리고 이 험악한 승자독식의 시대에서 활로를 찾아보겠다고 하는 비즈니스 종사자들에게 일독을 권한다.

_ **손현덕** 매일경제신문 대표

수요와 공급, 생산자와 판매자 사이의 가치사슬(value chain)이 사라져 직접 연결이 가능한 수퍼플루이드 시대에서는 소비자가 기업을 중심으로 움직이는 것이 아니라 기업이 소비자를 중심으로 움직이게 될 것이다. 글로벌 회계·컨설팅 법인 EY한영의 '수퍼플루이드 경영 전략'은 초디지털 시대를 위한 새로운 비즈니스 법칙과 변화의 흐름을 담아내, 어느 때보다도 불확실성이 큰 미래 비즈니스의 방향을 제시한다.

_ **어윤대** 전 고려대학교 총장

(가나다 順)

이미 시작된 수퍼플루이드 시대,
당신은 준비되었는가?

새해 매 분기마다 기업들은 경영환경을 진단하고, 앞으로 경제가 어떤 방향으로 흘러갈 것인지 예상한다. 인터넷의 등장으로 세계는 거대한 경제공동체가 되었고, 기업들은 유기적으로 연결되어 이전에는 신경 쓰지 않아도 될 부분까지 잠재적 변화의 요인으로 고려해야 한다.

과거 기업들은 자체적으로 또는 시장조사업체를 통해 경제 변화를 예상했지만, 새로운 기술은 기업의 예상보다 빨리 시장에 영향을 주는 방식으로 바뀌고 있다. 기업들은 그 변화의 속도를 알아내기 위해 노력하고 있지만 그런 시대는 다시 오지 않는다.

그렇다고 기업들이 시장 예측과 관련된 활동을 할 필요가 없다는 것은 아니다. 대신 더 빨라진 변화의 속도에 민감하게 반응할 수 있는 체질로 바꿔야 한다. 기존에는 기업이 시장 예측을 잘못하면 당해 사업이나 부문별로 손해를 보는 데 그쳤지만, 앞으로는 기업의 운명이 바뀔 정도로 변화의 스펙트럼이 확대될 것이다.

그 거대한 변화의 중심에는 거래비용이 '제로(0)'가 되는 '수퍼플루이드(Superfluid)'가 있다.

수퍼플루이드란 물리학 용어로, 움직이는 동안 마찰이 전혀 없어 운동 에너지를 잃지 않는 액체인 '초유체'를 의미한다. 산업적인 관점에서는 수요와 공급, 생산자와 판매자가 직접 연결되는 상황에 적용할 수 있다. 수퍼플루이드 환경이 일반화되면 중개나 유통 수수료가 사라져 거래비용이 제로(0)가 되는 반면 정보는 더욱 투명하게 공개되어, 전통적인 시장에서 명확하게 드러나던 산업 간 경계가 무너진다. 그리고 산업 내 중간 과정, 산업 내 밸류체인이 최소화되거나 사라진다.

생산자와 소비자의 경계 역시 모호해진다. 새로운 기술과 혁신을 통해 생산에서 소비에 이르는 과정이 바로 이어지면서 최소 시간, 최적의 가격으로 물건과 서비스를 제공할 수 있게 된다.

변화에 올라탈 것인가,
추락할 것인가

——————— 수퍼플루이드 시장을 만드는 것은 블록체인 (block chain)과 이를 기반으로 한 빅데이터, 사물인터넷, 인공지능(AI) 등 디지털 기술이다. 물론 이 기술들이 한 번에 등장한 것은 아니다. 인류가 만들어온 기술이 누적되어, 새로운 기술을 더 효과적으로 활용될 수 있는 기반이 되었다.

예를 들면, 사물인터넷으로 수집한 엄청난 양의 실시간 데이터는 인공지능을 통해 구매자의 행동을 예측해 판매자와 바로 연결된다. 이 같은 기술은 시장을 일정한 단계로 발전시키는 것이 아니라, 기술 자체가 다른 새로운 기술을 발전시키기 때문에 속도와 파급력 측면에서 이전의 혁신과 비교가 되지 않는다.

수퍼플루이드 경영환경이 산업 전반에 확산되면, 이를 준비한 기업과 그렇지 않은 기업은 극단적인 상황을 맞게 된다. 앞으로 다가올 변화를 준비하지 못하면 업계 1위 기업이라도 한순간에 몰락할 수 있다.

수퍼플루이드는 기존 시장과 확연히 구분되는 현상을 만들어낸다. 첫째, 전통적인 밸류체인이 붕괴될 가능성이 크다. 둘째, 디지털화 장점이 극대화되는 플랫폼의 영향력이 확대되면서 구글·페이스북·아마존 등 인터넷 플랫폼 기업들의 전방위 사업 독식 현상이 더욱 두드러지게 될 것이다. 셋째, 서로 다른 분야의 사업자나 스타트업과의 무한 경쟁이 불가피해질 수밖에 없다. 넷째, 우월한 선도자(first mover)만 생존하고 발빠른 추격자(fast follower)의 성공 모델은 찾아보기 어렵게 된다.

마지막으로 영원히 탄탄대로를 달릴 것 같았던 전통적인 산업들이 예측과 통제가 불가능한 외부 위협에 의해 무너지게 되는 '신 코닥모멘트(Neo Kodak Moment)' 현상이 나타난다.

지금 게임의 법칙이
바뀌고 있다

_____ 수퍼플루이드는 활용 여부에 따라 기업에게 위협과 기회로 작용한다. 자동차 부문처럼 거대 자본과 기술력이 집약된 산업은 거래비용의 비효율성이 시장 진입 장벽으로 작용해 신규업체의 진입이 거의 불가능했다. GM, 폭스바겐, 도요타, 현대기아차 등 완성차 업체들은 규모의 경제를 바탕으로 전통적인 생산, 판매방식을 통해 독과점 상태를 유지했다. 기존 구축한 브랜드와 구매력을 바탕으로 부품기업과 유통망을 장악했고, 연

구개발(R&D) 센터를 운영해 신규 기술도 개발하는 수직계열화 구조를 강화해 경쟁자의 진입을 막았다.

하지만 인공지능(AI), 3D 프린팅, 빅데이터 등 초디지털 기술로 무장한 새로운 유형의 경쟁자들이 자동차 시장에 뛰어들어 시장을 바꾸고 있다. 새로운 기업들은 한때 시장을 지배했던 게임의 법칙을 새롭게 쓰고 있다. 이들은 디지털 기술을 적극적으로 활용해 제품이나 서비스의 생산과 유통 공식을 새로 만들고 있으며, 고객에게 제공하는 가치마저도 뒤흔들고 있다.

이렇게 수퍼플루이드는 그동안 거대 기업들이 쌓아온 진입장벽을 무너뜨릴 수 있는 무기가 된다. 테슬라와 같은 업체는 새로운 기회를 잡게 되는 반면, 기존 완성차 업체들은 완전히 새로운 경쟁에 직면하는 위기를 맞게 되었다.

앞으로 거대 자동차 기업이 기존 방식을 고집한다면 변화된 시장의 요구를 맞추는 것은 불가능하다. 규모의 경제로 밀어붙이는 공급을 통한 수요 창출이라는 전통적인 생산·판매방식은 수퍼플루이드 환경에서는 작동하지 않게 된다.

제조업보다 디지털화되기 쉬운 금융업이나 컨텐츠 산업은 수퍼플루이드 혁신을 더 빠르고 직접적으로 받을 것이다. IT와 금융업을 결합한 핀테크 업체들은 초디지털 기술에 기반한 금융서비스를 통해 거대 은행이나 신용카드사는 물론 세계 금융생태계를 재정의하고 있다.

금융부문처럼 물리적인 자원 의존도가 낮은 부문을 시작으로 하루아침에 유니콘(기업가치가 10억 달러 이상인 것으로 평가받는 스타트업) 기업이 등장할 수 있다. 이들 기업은 시장 내 일말의 비효율성마저 제거하며 시장을 재편할 것이다.

상상하는 것보다
더 큰 변화가 도래한다

_____ 수퍼플루이드 시대에는 소비자 성격도 완전히 바뀐다. 소비자들이 디지털 기술을 통해 일하는 방식, 시간을 활용하는 관점이 바뀌면서, 기업들은 이전과 같은 방식으로는 변화에 대응할 수 없게 된다.

미래 소비자들은 새로운 디지털 기술을 통해 개별 쇼핑이 아닌 전체적인 라이프스타일 중심으로 움직인다. 물건을 더 적게 소유하고 더 많은 경험을 원하는 방식을 선호하고, 소비자에 그치지 않고 창의적인 생산자 역할도 한다.

수퍼플루이드는 앞으로 진입장벽이 낮은 부문부터 패러다임을 바꿔나갈 것이다. 군사, 의료와 같이 법적으로 보호받거나 제한되는 부분은 수퍼플루이드 영향을 어느 정도 늦출 수 있겠지만, 결국에는 붕괴될 수밖에 없다. 전통적인 법규와 규범에 의해 보호받는 산업일수록 혁신에 대응하는 경쟁력이 떨어지기 때문이다.

세계적인 과학소설(SF) 작가 아서 클라크는 '충분히 발달한 과학기술은 마법과 구분할 수 없다(Any sufficiently advanced technology is indistinguishable from the magic)'라고 말했다.

수퍼플루이드는 과거에 불가능하다고 생각되던 많은 것들을 가능하게 만든다. 이런 변화의 속도는 공유경제의 대표적 성공모델인 에어비앤비나 우버조차 미래의 지속적인 성공을 예측하기 어려울 만큼 파괴적이고 빠르다.

수퍼플루이드는 미래에 벌어지는 일이 아닌 현재 각 산업에서 나타나고 있는 일이다. 변화는 이미 시작됐다.

Contents

PART 2 수퍼플루이드가 불러온 4가지 커다란 산업계 변화

PART 3 수퍼플루이드가 변화시킨 미래 소비자의 모습

PART 5 수퍼플루이드 시대, 한국기업의 생존 전략

PART
1

거스를 수 없는
수퍼플루이드의
물결

1990년 글로벌 500대 기업 중 81%(2016년 기준)인 405개가 자취를 감췄다. 이 중 95개 기업만이 글로벌 500에 살아남았다. 1990년 각 부문을 대표했던 기업인 자동차업체 크라이슬러(8위), 카메라 및 필름 제조사 코닥(18위), 휴대폰 제조사 모토롤라(48위), 항공기 제조사 맥도넬더글러스(25위)는 세계 50위 안에 드는 대표기업이었으나 변화에 적응하지 못했다.

　　이렇게 사라진 기업의 자리는 1990년 당시에는 두각을 나타내지 못했거나 존재하지 않았던 기업들이 차지했다. 2018년 포춘 500대 기업은 디지털 혁신을 적극적으로 추진한 업체들이 상위권을 차지했다. 애플(4위), 아마존(8위), 알파벳(구글)(22위), 마이크로소프트(30위), IBM(34위) 등 매출 규모는 전통 기업에 비해 작지만, 수익률은 최상위권을 기록했다. 실제 월마트는 매출 기준으로 포춘 500대 기업 1위지만, 수익률은 20위(98억 6,200만 달러)다. 반면 애플은 매출 기준으로는 4위지만, 수익률은 1위(483억 5,100만 달러)를 차지했다.

2000년 이후 급변해온 인터넷 환경에 적응한 기업들도 안심할 수는 없다. 기술혁신이 점차 더 빨라지는 추세에 맞춰 앞으로 10년 뒤인 2028년 포춘 500대 기업 순위는 더 많은 변동이 벌어질 것이며, 그 중심에는 수퍼플루이드가 있다. 수퍼플루이드는 무엇이며, 어떤 특징을 가지고 있는지 확인해보자.

1

거래비용 제로
'수퍼플루이드'
시대가 온다

인류는 그동안 물질이 고체, 기체, 액체 3가지로 존재한
다고 믿었다. 하지만 점성이 없어 마찰 없이 영원히 회전
할 수 있는 초유체, 수퍼플루이드가 발견되면서 물리학의
통념이 바뀌었다.
산업부문도 디지털 기술혁신을 통해 수수료와 중간자 없
이, 개인과 개인이 안전하게 거래할 수 있고 지속가능한
초(超)디지털 '수퍼플루이드' 시대가 오고 있다. 중앙집
권적으로 통제했던 방식은 생태계 참여자가 모든 거래내
용을 공유해 더 효율적이고 안전한 분산형 방식으로 전환
된다.

자동차,
소유할 것인가,
사용할 것인가?

자동차는 구입하는 순간부터 가치가 떨어지기 시작한다. 새 차를 구입했다고 좋아할 수 있지만 시동버튼을 누르는 순간 차량 가격의 가치가 10% 날아간다. 자동차의 가치는 차를 타고 있을 때나, 안 타고 있을 때나 상관없이 하락하며, 이러한 가치 하락은 심지어 당신이 자고 있을 때도 지속된다.

자동차는 대부분의 사람에게 집 이외 가장 큰 자산이며, 이동 수단으로서 생활과 밀접한 연관이 있다. 이 때문에 자동차를 직접 구입하는 것보다 저렴하게 사용할 수 있는 방법이 지속적으로 모색되어왔다.

자동차를 저렴하게 사용할 수 있는 가장 쉬운 방법은 택시나 버스 등 대중교통을 이용하는 것이지만, 1973년 오일쇼크 이후 효율적인 자동차 이용을 위해 카풀(Carpool) 제도가 대안으로 제시되었다. 카풀은 같은 목적지를 가진 사람들끼리 함께 차를 타는 방식이다. 차량 소유자는 다른 승객을 태운 뒤 통행료나 연료비를 분담할 수 있고, 승객은 차를 구입하지 않고 차량을 사용할 수 있다.

얼핏 보기에 효율적인 제도인 것 같지만 몇 가지 걸림돌이 있다. 목적지나 이용 시간이 서로 맞아야 효율적으로 운행되며, 차량 사고, 고장이 발생할 경우, 책임소재가 불분명하고 원활하지 못한 정보 공유의 이슈로 인해 제한적인 상황에서만 활용되었다.

카셰어링이
인기를 끄는 이유

_____ 이후 카풀과 택시의 단점을 보완한 카셰어링 서비스가 부각되고 있다. 카셰어링은 자동차를 가지고 있는 사람

과 자동차가 필요한 사람을 이어주는 서비스다. 사용자는 카셰어링 업체가 제공하는 스마트폰 앱으로 목적지까지 갈 수 있고, 카셰어링 업체는 운전자와 사용자를 연결해준 뒤 수수료를 받는다.

카셰어링이 인기를 끄는 이유는 스마트폰을 이용한 편리한 사용법, 간단한 결제방식 등을 꼽을 수 있다. 무엇보다 택시회사처럼 차를 소유하지 않아도 되니 요금을 낮출 수 있다. 대표적인 업체 우버는 세계 택시업계를 위협할 정도로 성장했지만 정작 소유하고 있는 자동차는 없다. 다른 사람들이 가지고 있는 자동차를 빌릴 뿐이다.

우버가 낮은 요금으로 기존 시장을 뒤흔든 것처럼, 더 낮은 요금으로 우버를 추격하는 후발주자도 있다. 이스라엘 라주즈(LaZooz)는 블록체인 기반 카셰어링 업체다. 우버는 운전자가 거래수수료를 20% 가량 내야 하지만, 라주즈는 소비자에게 부과되는 거래수수료가 제로이며, 자체 암호화폐로 운전자와 사용자 간 거래가 이뤄진다.

이동수단으로 택시에서 우버, 라주즈로 진화하는 과정은 가격과 밀접한 관련이 있다. 더 낮은 가격, 사용편리성이 소비자들을 자연스럽게 새로운 서비스로 움직이게 하고 있다.

구입하는 순간 구식이 되는 차를 유지하는 대신 필요한 만큼 차를 사용하는 카셰어링 서비스가 부각받는 이유다.

그동안 시장은 생산자와 수요자 사이에 수많은 중개자들이 존재했다. 중개자들은 생산자와 수요자 사이에서 일정 역할을 하고 수수료를 챙겼다. 이 때문에 우리가 서비스를 이용할 때 내는 비용 중에는 수수료가 일정 부분 포함되어 있다. 하지만 생산자와 소비자가 중개자 없이 직접 연결되는 시장이 가능하다면 물건과 서비스에 대한 비용만 지불하면 된다. 생산자는 더 높은 수익을 낼 수 있고, 소비자는 더 저렴하게 서비스를 이용할 수 있다.

이런 시장은 이전까지는 이론으로만 가능했지만, 새로운 디지털 기술이 중간 유통이나 중개 과정 없이 상품이나 서비스를 생산자와 소비자가 직접 거래할 수 있는 환경을 만들고 있다.

'수퍼플루이드',
중간 거래 단계의 소멸

_____ 당신이 물건을 구입할 때 수수료를 추가로 내야 하는 서비스와 수수료 없이 물건 값만 내는 서비스 중 한 가지를

선택할 수 있다면 어떤 서비스를 이용하겠는가?

참고로 당신이 어떤 제품을 구입할 때 그 장소가 백화점이라면 물건 값의 40%, 대형마트라면 30%, 인터넷 쇼핑이라면 10% 가량의 수수료를 내야 한다. 물론 최종 판매처에 도달하기 전까지의 중간유통 수수료와 신용카드 수수료는 별도다.

물건 값에 수수료를 추가로 내고 구입하고 싶어 하는 사람은 없다. 누구나 더 저렴한 가격에 물건을 구입하고 싶어 한다. 정확한 수요에 맞춰 물건을 만드는 것은 이상적이지만 현실에서는 불가능하다.

국내 대표적인 화장품 기업 아모레퍼시픽은 1964년 화장품 방문판매 사업을 시작했다. 이후 수십 년간 국내 화장품 판매는 판매원이 직접 개인을 찾아가 제품을 판매하는 방문판매 중심이었다. 회사가 화장품을 생산하고 각 지역에 있는 총판에 물품을 전달하면, 각 총판과 연결된 소매상에 소속된 방문판매원이 잠재적인 소비자를 찾아가 상품을 설명하고 판매했다.

방문판매를 통한 화장품 구매는 해당 제품에 대한 정보를 방문판매원으로부터 일방적으로 들을 수밖에 없기 때문에 다른 상품과 비교하거나 검증할 수 있는 방법이 없었다. 구매하는 과정에서 불필요한 상품을 구입하거나, 상품에 대한 과장된 설명도

그대로 받아들여야 했다. 화장품을 구입할 때 적정한 가격이 얼마인지도 확인할 수 없었다. 반대로 화장품 회사도 신제품을 개발할 때, 시장에서 얼마나 판매될지 예측이 어려웠다. 방문판매원으로부터 판매된 제품 정보가 소매상, 총판을 거쳐 화장품 회사로 거슬러 올라오면 그 제품은 남거나 부족했다.

이렇게 상시 변동하는 수요 파악까지는 시간 차이가 있기 때문에 생산자가 수요를 예측해서 생산하는 것과 실제 판매량은 차이가 날 수밖에 없다. 기업들은 정확한 수요 예측을 위해 지속적으로 시장을 조사하고 관련 프로세스를 개선했지만, 유통 채널과 시장 확대에 따라 생산과 수요 사이의 불확실성이 커지는, 이른바 '불휩 이펙트(Bullwhip Effect)'는 시간이 지날수록 오히려 증가했다.

생산자와 수요자 사이의 정보 왜곡을 줄이기 위해 시장에는 중개자들이 존재한다. 정보 왜곡을 조금씩 보정해주는 역할의 대가로 중개자들은 수수료를 챙기고, 그로 인해 우리가 물건을 구입할 때 내는 비용 중에는 수수료가 일정 부분 포함돼 있다.

하지만 생산자가 수요를 정확하게 예측할 수 있고, 중개자 없이 생산자와 소비자가 직접 연결되는 시장이 만들어진다면 어떻게 될까?

이전까지 그런 시장은 이상적이었지만, 정보기술 발전으로 수수료 없이, 중간 유통이나 중개 과정도 없이, 상품이나 서비스를 생산자와 소비자가 직접 거래할 수 있는 시장이 오고 있다.

우버, 에어비앤비가 촉발시킨 공유경제에 사물인터넷(IoT), 클라우드, 빅데이터, 인공지능, 블록체인 등 4차 산업혁명 핵심 디지털 기술이 결합하면서 공급자와 수요자 간 정보 왜곡이 줄어들고 접점이 가까워졌다. 정확한 수요 예측으로 필요한 만큼만 생산해 판매하는 것도 가능해졌다. 수수료와 중개자가 사라진 수퍼플루이드(Superfluid) 시장이 만들어지고 있는 것이다.

유선전화의 75년 vs.
포켓몬고의 19일

＿＿＿＿＿＿ 알렉산더 그레이엄 벨이 처음 전화기를 발명한 것은 1876년이었다. 전화기 발명 이후 세계적으로 사용자 5,000만 명을 확보하는 데 걸린 시간은 75년이다. 라디오는 같은 사용자를 확보하는 데 38년, TV는 14년이 걸렸다. 인터넷은 4년 만에 5,000만 가입자를 확보했다. 인터넷과 스마트폰 등장은 새로운 기술과 제품을 더 빠르게 확산하는 역할을 하고 있다.

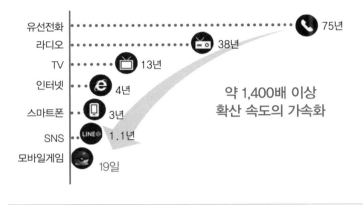

유선전화 · 📞 75년
라디오 · · · · · · · · · · · · · · · · · 📺 38년
TV · · · · · · 📺 13년
인터넷 · · 🅔 4년
스마트폰 · · 📱 3년
SNS · · LINE 1.1년
모바일게임 · ◉ 19일

약 1,400배 이상
확산 속도의 가속화

2017년 1월 24일 구글 플레이스토어에 등록된 닌텐도 모바일 게임 포켓몬고는 가입자 5,000만 명을 확보하는 데 단 19일이 걸렸다. 대한민국 전체 인구에 해당하는 가입자를 3주도 안 되는 기간에 모은 것이다. 유선전화에 비해 포켓몬고가 사용자 5,000만 명을 확보하는 속도는 약 1,400배 이상 빨라졌다.

이렇게 빠르게 가입자를 확보할 수 있는 것은, 소비자들이 신제품과 새로운 기술을 수용하는 속도가 그만큼 빨라졌기 때문이다. 인터넷 속도, 컴퓨터 처리 속도가 빨라진 것과 함께 소비자가 새로운 기술과 제품을 받아들이는 속도도 빨라지고 있다. 그레이엄 벨의 전화는, 전화기를 설치하고 사용법을 학습하는 데 시간이 필요했다. 전화기를 주문하면 판매처에 재고가 있는지 확인하고, 일정에 맞춰 기사가 설치해야 한다. 신제품이 확산되는 데 복잡한 단계와 장애물이 존재했다.

디지털 생태계가 마련된 뒤 그런 장애물은 대부분 사라졌다. 디지털 기술은 가입자 확보 장애요인을 소멸시키고, 가입자 확산 혁신을 가능하게 했다. 디지털 시대 유일한 걸림돌은 소비자들이 제품과 서비스의 존재를 인식하는 것이 되고 있다. 이 같은 변화는 공급자 중심의 시장을 소비자 중심으로 변화시키고 있다.

제4의 물질, 수퍼플루이드 혁명

물질은 상태에 따라 액체, 기체, 고체 3가지 형태로 존재한다고 여겨졌다. 하지만 수퍼플루이드라는 제4의 물질이 확인되면서 통념이 깨졌다.

수퍼플루이드 개념은 알버트 아인슈타인(Albert Einstein)과 인도 물리학자 사첸드라내스 보스(Satyendranath Bose)가 1924년 예견했다. 그 실체를 이론적으로 증명한 것은 한참 뒤인 1962년이었고, 노벨상을 수상할 정도로 세계를 뒤흔든 혁신적인 발견이었다. 수퍼플루이드 현상에 대한 연구로 노벨상이 주어진 것만 1996년, 2001년, 2003년 등 네 차례가 넘는다.

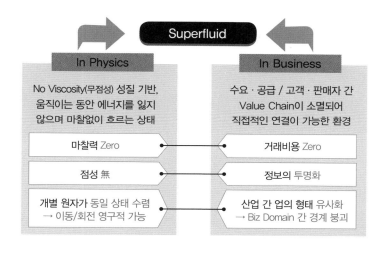

4번이나 노벨상을 안겨준
'수퍼플루이드 현상'이란 무엇인가?

_____ 물리학에서 수퍼플루이드는 마찰이 없어 움직이는 동안 운동에너지가 처음 상태로 유지되는 '초유체'를 말한다. 초유체는 마찰력과 점성이 없는 물질이기 때문에 운동에너지를 받으면 진공상태 우주에 있는 것처럼 영원히 멈추지 않고 운동한다.

일반적으로 원자나 분자 사이에는 상호작용이 일어난다. 따라서 물질을 냉각시키면 기체에서 액체로 되고, 그 뒤에는 고체가 된다. 이런 물질의 상태 변화를 '상전이(phase transition)'라고 한다.

물질은 온도와 압력에 따라 기체, 액체, 고체 세 개로 나뉘어 변하는데 각각의 특징이 있다. 하지만 초유체는 이 세 가지 물질과 전혀 다른 특성을 갖는 새로운 형태의 물질로 물리학의 위대한 발견으로 꼽힌다.

예를 들어, 헬륨-4를 절대 0도 이하인 2.2K(약 -271℃) 극저온의 상태로 만들면, 유동성이 높아져 용기 벽면을 타고 밖으로 흘러나오거나 원자 한 개가 지나갈 정도의 틈새로 이동하는 현상이 발생한다. 초유체는 점성이 '0'이기 때문에 일반 물질과 달리 매우 특이한 모세관 현상을 보인다.

모세관 현상은 액체에 가느다란 관을 꽂으면 액체의 표면보다 관 안쪽의 액체 표면이 높거나 낮게 되는 현상을 말하는데, 이는 물질의 점성과 관련이 있다. 커피잔에 빨대를 꽂으면, 빨대 위로 커피가 더 올라오는 것과 같은 원리다.

하지만 초유체는 점성이 없기 때문에, 관이 없어도 모든 표면을 타고 이동할 수 있다. 만약 초유체를 밀봉하지 않고 용기에

넣어두면, 열린 구멍을 따라 바깥으로 새어 나간다. 점성이 없기 때문에 에너지가 분산되지 않아 운동에너지를 유지할 뿐 아니라 원자가 지나갈 수 있을 정도의 작은 구멍으로도 이동할 수 있다. 만약 초유체를 도자기에 담는다면, 작은 구멍으로 빠져나가 버릴 것이다.

이렇게 초유체는 일반적인 상식으로는 이해할 수 없는 특성을 가지고 있기 때문에, 물리학계에서 높은 평가를 받았다. 최초로 발견된 초유체는 헬륨-4다. 헬륨-4의 초유체성은 1937년에 표트르 레오니도비치 카피차 및 존 프랭크 앨런, 돈 마이스너에 의해 발견됐다. 카피차는 1978년 노벨 물리학상을 수상했다. 데이비드 리(David Morris Lee)와 더글러스 오셔로프(Douglas Dean Osheroff), 로버트 콜먼 리처드슨(Robert Coleman Richardson)은 페르미온인 헬륨-3 또한 극저온에서 초유체가 된다는 사실을 발견해 1996년 노벨 물리학상을 수상했다. 이후에도 2000년에는 초저온 보손(루비듐 87) 기체가 실험을 통해 초유체 성질을 보인다는 것이 밝혀지는 등 초유체에 대한 연구는 계속되고 있다.

물리학에서 초유체는 특정 물질이 극저온 등 한정된 조건에서만 발생하기 때문에 일상생활에서는 볼 수 없다. 하지만 초유체를 활용해 기존 물질로 불가능했던 일들을 해내려는 시도는 계속되고 있다. 특정 조건에서 전기저항이 0인 초전도체도 발견 당시인 1911년에는 학계의 주목을 받는 정도에 그쳤지만, 초전도체가 지닌 초전도(Superconductivity)현상을 활용해 전기 손실이 없는 원거리 송전이나 강력한 자기장을 내는 전자석을 만드는 데 사용되고 있으며 의료, 교통, 정보통신, 에너지 분야에 활용되고 있다. 초전도체처럼 초유체도 연구에 따라 그 활용성이 무궁무진해질 수 있다.

새로운 비즈니스 법칙이 요구되는
수퍼플루이드 시대

_____ 산업적인 측면에서 수퍼플루이드는 기존 경제 생태계를 구성하는 데 필요했던 중개자와 장애물로 작용했던 거래비용이 사라지고, 수요자와 공급자가 직접 연결되는 P2P(Peer-to-Peer) 시장을 말한다. 물리학에서 초유체가 점성이 '0'인 것처럼, 산업적인 측면에서 거래비용이 '0'으로 지속적인 선순환을 이루는 생태계가 구현되는 시장이다.

기존 생산자와 중개자, 소비자 구조에서는 불가능하다고 생각됐던, 이상적인 시장이 디지털 기술의 고도화로 실현이 가능하게 됐다. 실험실에서는 특정 조건하에 일시적으로만 발생했던 수퍼플루이드가 디지털 기술의 뒷받침으로 산업적인 측면에서는 상시 구현될 수 있는 기반이 만들어진 것이다.

이미 기업들은 인공지능, 사물인터넷, 블록체인 등 새로운 기술을 업무에 적용하고 있지만 이 기술들은 단편적으로 활용되고 있다. 앞으로 어떻게 바뀔지 모르는 미래를 대비해 전기차, 로봇, 드론 등 새로운 기술과 서비스를 미시적인 관점에서 적용하고 있다.

수퍼플루이드는 전통적인 산업체계가 재편되는 새로운 기점이며, 인터넷의 등장보다 더 파괴적이고, 이 시장에 먼저 뛰어든 선두기업을 중심으로 빠르게 성장할 것이다.

그동안 시장은 아날로그에서 디지털로 변해왔다. 온라인 쇼핑이 급성장하고 있지만, 여전히 아날로그적인 요소가 남아 있다. 수퍼플루이드는 이런 거품을 없애고 생산자와 소비자가 직거래하고, 투명하게 분산관리 되는 시장을 추구한다. 극도의 효율을 이끌어내는 시장이기 때문에 시장은 양극화되고, 2등에게는 남겨지는 것이 없는 무서운 시장이기도 하다.

수퍼플루이드는 외부의 힘이 작용해서 벌어지는 것이 아니라 시장 구성원인 소비자들이 자연스럽게 이동하면서 만들어진다.

소비자들이 오프라인 매장에서 온라인 매장으로 옮겨간 것처럼 경험과 가치를 중요시하는 스마트한 소비자들이 자발적으로 수퍼플루이드에 맞는 기업과 플랫폼을 선호하게 될 것이다.

그동안 경제 생태계는 오프라인으로 진행됐기 때문에 수요와 공급을 이어주는 중개자, 도매업자, 소매업자 등이 있어야 했지만, 수퍼플루이드 시대에는 디지털 기술의 혁신으로 수요와 공급 사이에 있던 중간 거래자들이 사라진다.

중간 거래자들이 사라진 P2P 생태계는 기존 경제학으로 풀어낼 수 없는 현상이 벌어진다. 물리학 용어인 수퍼플루이드가 등장한 것은 앞으로 경제 상황이 기존 경제학 용어로는 설명할 수 없을 정도의 변화와 복잡성을 가지는 것을 의미한다.

수퍼플루이드 환경에서는 수직계열화된 조직구조, 산업 구분이 사라지기 때문에 전통적으로 경쟁해왔던 기업과 별개로 경쟁 접점이 무한대로 확장된다. 삼성전자, 현대자동차, SK텔레콤, KB국민은행 등이 쿠팡, 배달의민족과 경쟁하는 상황이 벌어질 수 있다.

수퍼플루이드가 기존 기업의 종말을 의미하는 것은 아니다. 오프라인 시장에 인터넷이 등장한 것처럼, 시장 재편이 이루어지는 기회가 생긴 것이다. 소비자가 기업을 중심으로 움직이는 것이 아니라 기업이 소비자를 중심으로 움직이게 된다. 인터넷의 등장으로 닷컴 기업들이 급성장한 것처럼 수퍼플루이드 시대에 맞는 기업들이 부상할 것이다.

단, 수퍼플루이드 시대에는 새로운 법칙이 요구된다. 경쟁자들보다 가장 빠르게 새로운 디지털 기술을 도입해 지속적인 혁신을 추구해야 살아남을 수 있다. 수퍼플루이드 시대는 플랫폼을 확보한 1위 업체의 영향력이 전방위로 확대된다. 선두그룹, 중위권, 하위권 등으로 나눠지는 그룹 구분이 사라지고, 1위와 그 이외 업체로 나눠지는 구조로 바뀐다. 경쟁은 치열해지지만 1등 기업으로 누리는 혜택은 절대적이다.

지속적으로
진화하는
수퍼플루이드 시장

시장별 특성 및 진화단계

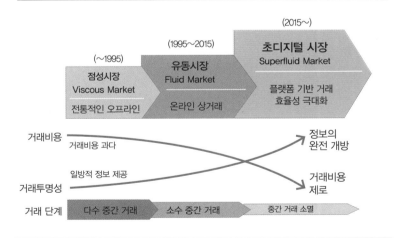

점성시장(Viscous Market) : 느리고, 불투명하고, 운영비용이 높은 전통적인 오프라인 시장

인터넷이 확산되기 이전 1995년까지 전통적인 시장은 생산자와 소비자 사이에 도매상, 총판, 소매상 등 중간거래를 거쳐야했다. 거래 단계가 복잡해질수록 비용은 높고, 거래 투명성은 낮아졌다. 이런 중간단계는 생산자와 소비자가 원활하게 거래하는 것을 방해하는 장애물, 마찰력으로 작용한다. 이런 시장 형태는 점성시장이다.

점성시장에서는 복잡한 유통단계로 인해 수수료가 눈덩이처럼 불어난다. 거래에 대한 정보도 불투명하기 때문에 소비자들은 자신이 구입하는 재화의 원가가 얼마인지 알 수도 없다. 점성시장에서 기업들은 물리적인 자산을 기반으로 경쟁하기 때문에 산업은 큰 변화 없이 선두업체 중심으로 유지될 수 있다.

유체시장(Fluid Market) : 빠르고, 투명하고, 운영비용이 절감된 온라인 시장

인터넷의 등장으로 점성시장에서 수수료를 받아왔던 장애물은 상당수 사라졌다. 그래도 여전히 중간단계는 존재했다. 하지만 점성시장에 비해 몇 단계가 줄어들었고 수수료도 낮아졌다. 소비자들은 인터넷을 통해 상품에 대한 정보와 원가에 대해 알 수 있게 됐다. 수요자와 공급자 사이에 존재했던 정보 불균형이 좁혀지면서 점성시장에서 기득권을 누렸던 중개자의 영향력은 빠르게 위축됐다.

코닥, 모토롤라, 토이저러스 같이 점성시장에서 주도권을 쥐고 있던 업체는 디지털 기술의 발전을 일시적인 유행으로 보고 대응을 미뤘다. 하지만 이들 기업은 디지털로 무장한 구글, 애플, 아마존과 같은 새로운 경쟁자들에게 자리를 내주고 말았다.

수퍼플루이드 시장(Superfluid Market) : 플랫폼 기반 직거래로 효율성이 극대화된 시장

수퍼플루이드 시장은 인공지능, 빅데이터, 로봇, 클라우드, 사물인터넷, 블록체인 등 디지털 기술이 중개자를 대체한다. 거래와 관련된 정보는 완전히 개방되고, 거래비용 제로환경이 만들어진다.

유체시장에 남아있던 신뢰와 검증 단계는 플랫폼으로 대체되

고, 개인들은 플랫폼 기반으로 수수료 없이 직접 거래한다.

수퍼플루이드 시장에서 가능한 거래정보 취합과 분석, 적용은 이전 시대에도 있었던 개념이다. 하지만 기술이 고도화되고 기능 구현에 필요한 비용이 낮아지면서 수퍼플루이드 시장의 기반을 만들었다.

산업혁명이 수세기에 걸쳐 미세하게 누적된 변화가 결과로 나타난 것처럼, 수퍼플루이드 시장도 디지털 기술의 누적이 반영됐다. 수퍼플루이드 시장은 수요자와 공급자의 성격 및 범위도 바꾸고 있다. 상황에 따라 수요자이면서 공급자, 공급자이면서 수요자로 언제든 바뀔 수 있다.

점성시장이 유체시장, 공유경제 시장으로 바뀌면서 기업들이 가지고 있는 물리적 자산 경쟁력은 빠르게 하락했다. 오히려 물리적 자산은 유지보수를 해야 하기 때문에 기업들에게 부담으로 작용했다.

에어비엔비, 우버, 이베이 등 기업들은 직접 소유한 물리적 자산 대신 디지털 기술로 만들어진 플랫폼을 통해 가상으로 자산을 확보했다.

그러나 공유경제의 공룡으로 성장한 에어비엔비와 우버도 수수료를 받는 중앙통제식 공유 플랫폼이라는 한계를 벗어나지 못

플랫폼 기업의 전방위적 사업 독식

이종사업자와의 무한 경쟁

Fast Follower 모델 한계

신 코닥모멘트 도래 : 전통 산업의 2차 붕괴

하고 있다.

수퍼플루이드 환경은 기존 경제논리로 설명되지 않는 상황을 초래한다.

첫째, 수퍼플루이드 시대에 맞는 플랫폼을 확보한 기업은 플랫폼을 바탕으로 관련된 사업을 전방위적으로 독식한다.

둘째, 산업 구분이 사라지면서 기존 경쟁자들과 전혀 다른 특성을 가진 이종사업자와의 경쟁이 발생한다.

셋째, 플랫폼을 확보한 업체와 아직 충분한 성장을 하지 못한 업체 간 간격이 벌어지면서 선두업체를 빠르게 추격하는 패스트 팔로어 사업모델은 한계에 봉착한다.

마지막으로 인터넷 등장으로 재편된 시장은, 다시 한 번 수퍼플루이드 기업을 통해 기존 인터넷 기업들이 붕괴하는 신 코닥모멘트 현상이 발생한다. 인터넷 기업의 등장으로 전통 기업들이 퇴출된 상황이 수퍼플루이드를 기점으로 다시 벌어지는 것이다.

이 네 가지 특징은 플랫폼의 영향력 확대로 인해 직간접적으로 발생하는 일들이다. 기존 사업자들이 각자 영역에서 일정한 시장을 두고 경쟁했던 판은 수퍼플루이드로 확장되고 변형될 것이다.

2

수퍼플루이드 시장의
등장 배경

기술 혁명의 전환점은 어느 날 갑자기 발생하는 것이 아니라 기술이 지속적으로 누적돼 연결성을 갖는 순간 폭발한다. 수퍼플루이드도 사물인터넷(IoT), 빅데이터, 클라우드, 블록체인, 인공지능, 로보틱스 등 초디지털 기술이 상승효과를 만들어 시장의 패러다임을 전환시키는 역할을 한다.

2007년 이전까지 인류가 생산한 데이터의 양은 300엑사바이트(Exabyte) 미만이었다. 1엑사바이트는 10억 기가바이트로 책 1조 권에 해당하는 정보량이다.

하지만 2017년 전 세계 세계 인터넷 트래픽은 월 122엑사바이트, 2019년에는 201엑사바이트, 2022년에는 396엑사바이트로 매년 26%씩 성장할 것으로 전망된다. 인류가 태초부터 만든 것보다 많은 데이터가 인터넷을 통해 한 달 만에 움직이는 것이다.

수퍼플루이드는 정보를 단순히 저장하는 것에서 벗어나 시간과 공간을 초월해 순식간에 연결하고 분석해 이전에 없던 창조적인 시장과 가치를 만든다.

수퍼플루이드 시대를 이끈 6대 기술

수퍼플루이드 시대가 갑자기 나타난 것은 아니다. 산업혁명이 기술의 누적으로 발생한 것처럼, 수퍼플루이드 시대도 인터넷을 중심으로 새로운 기술들이 임계점을 넘으면서 시작됐다.

수퍼플루이드 시대를 이끈 동인은 블록체인, 사물인터넷(IoT), 클라우드, 빅데이터, 인공지능(AI), 로보틱스 등 4차 산업혁명 핵심 기술이다.

6대 기술은 지리적, 산업적 경계를 허물고 전 세계 판매자와 소비자가 직접 거래할 수 있는 장을 만들었다. 이 기술들은 독자

적으로 성장하는 것이 아니라 유기적으로 연계되어 시너지를 내며 수퍼플루이드 혁신을 가속하고 있다

전자제품, 차량을 비롯해 수많은 기기에 탑재된 IoT 센서는 실시간으로 데이터를 수집하고 있으며, 수집된 데이터는 클라우드 서버에 실시간으로 저장된다. 서버에 저장된 데이터는 누적돼 AI를 통해 특징이 분석된다. 기존에도 데이터는 수집됐지만 성격과 목적에 따라 다르게 저장됐다. 분석하기 어려운 비정형 데이터의 경우, 규모가 커도 수집 가치가 낮았다. 하지만 AI는 고립된 데이터 사이의 연관성을 찾고, 비정형 데이터도 수치화해 가치를 높인다. 클라우드는 이렇게 모인 데이터를 실시간으로 분석할 수 있도록 만들어 준다. 사일로에 격리되어 있던 데이터 조각들이 다양한 형태로 조합되면서 쇼핑 제안, 자율주행 차량 구동, 생산시스템 제어 서비스 등에 활용된다.

블록체인은 IoT, 빅데이터, AI, 클라우드 기술이 작동하는 데 있어 데이터의 위·변조를 원천봉쇄하는 역할을 한다. 블록체인은 참여자들 모두가 모여서 위·변조를 막는 독특한 구조로 판매자와 소비자 간 신뢰를 강화하고 시장을 유지할 수 있는 안정성을 제공한다. 중앙집중형으로 운영됐던 구조는 분산형 구조로 바뀐다.

수퍼플루이드의
핵심 구성원,
밀레니얼 세대와 Z세대

02

수퍼플루이드 생태계에서 구성원 역할은 중요하다. 구성원들이 거래에 적극적으로 참여할수록 생태계를 확장하고 튼튼하게 만든다. 이 때문에 수퍼플루이드 기술 이외에 인류생태학적 변화도 영향을 미친다. 디지털 기술과 더불어 신기술에 대한 적응력이 빠른 밀레니얼 세대와 Z세대의 부상, 가속화되는 세계화 또한 수퍼플루이드 시대를 가속화하는 요인으로 작용하고 있다.

시장이 점성시장에서 유체시장을 거쳐 수퍼플루이드 시장으로 변화한 것처럼, 사용자는 베이비부머 세대에서 1980년

~2004년 사이 출생한 밀레니얼 세대, 2005년 이후 출생한 Z세대로 바뀌었다. 밀레니얼 세대와 Z세대는 전 세계적으로(2015년 기준) 58%를 차지하고 있지만, 2020년에는 63%(각각 25.6억 명, 23.4억 명)로 세계 경제 인구의 중심이 된다.

이 두 세대는 케이블 TV, 인터넷, 스마트폰과 함께 자란 세대로 신제품에 대한 적응력이 높고 디지털 기술에 익숙해 수퍼플루이드 시대에 블록체인, 디지털 기술을 기반으로 새롭게 생겨나는 제품과 서비스의 주요 소비자로 부상하고 있다. 밀레니얼 세대와 Z세대는 합리적인 소비를 선호하는 성향이 강하다. 이들을 겨냥하여 기존에 존재하던 중간거래자와 중개수수료를 디지털 기술을 통해 거의 없애고, 높은 만족도를 제공하는 공유경제가 등장하면서 새로운 트렌드를 만들고 있다.

가속되는
세계화

세계화가 가속되면서 국가별로 구분됐던 시장이 하나의 거대한 통합된 시장으로 바뀌고 있다. 세계화는 국가 간 상호 연동성이 확대, 심화되는 과정이다. 이미 세계화는 일반 소비자까지 확산됐다. 여름 휴가를 위해 에어비앤비로 숙박을 예약하고, 택시 대신 우버로 자동차를 이용한다. 전화번호 대신 메신저 아이디로 서로 연락하며, 생일 선물은 아마존에서 주문한다.

금융, 의료, 교육 등 법적으로 제한되는 일부 분야를 제외하면, 이미 소비자들은 물리 경계를 뛰어넘는 소비를 하고 있다.

새로운 디지털 기술과 국가별 무역장벽 완화로 수퍼플루이드 시대가 가속화되고 있다.

아날로그 시대에는 현지화가 기업들의 중요한 과제였다. 기업들은 각 나라마다 특성을 감안해 사업계획을 세우는 것이 주요 전략이었다. 하지만 정보의 비대칭성이 사라지고, 실시간으로 확산될 수 있는 시대에는 높은 품질 수준과 고객 경험을 유지할 수 있는 제품과 서비스를 전 세계 시장을 대상으로 제공해야 한다.

과거 기업들은 서비스를 확대할수록 비용과 효율성 측면에서 부담을 감수해야 했다. 그러나 플랫폼을 기반으로 운영되는 사업은 시장이 커질수록 비용은 '0'에 수렴하게 된다. 플랫폼을 구축하는 데 필요한 클라우드 환경, 스토리지, 네트워크 비용은 갈수록 낮아지고 있고, 더 많은 가입자와 관련 정보는 인공지능으로 분석돼 플랫폼을 강화하는 자원으로 활용된다.

결국 세계화는 구글, 애플, 아마존 등 플랫폼을 기반으로 한 거대 기업들에게 기회로 작용하고, 국가나 지역에서 사업을 하는 기업들을 점점 더 불리하게 만든다.

아직 세계화는 디지털로 전환된 일부 산업에만 적용돼 있다. 건축, 에너지, 군사 등 보수적인 시장은 여전히 고립된 채 한정된 성장을 하고 있다. 하지만 이런 시장도 세계화의 영향을 피할 수 없으며, 변화의 폭은 오히려 다른 산업에 비해 클 것이다.

3

수퍼플루이드가 경제에 미치는 영향

어떤 물건을 구입할 때 순수한 제품가격과 별도로 유통 과정에 따른 수수료를 지불해야 한다. 유통비용은 농수산물, 의약품, 공산품 등 제품마다 다르지만 가격의 20~40% 가량을 차지한다.

유통 과정이 복잡할수록 유통비용은 기하급수적으로 증가한다. 문제는 구매자뿐 아니라 판매자도 유통비용의 영향을 받는다는 것이다. 인터넷의 등장으로 판매자와 구매자 간 정보 불균형이 해소돼 이전에 비해 유통비용은 줄어들었지만, 여전히 일부에서는 정보의 비대칭성과 불필요한 유통과정이 남아 있다.

수퍼플루이드는 기술을 통해 거래비용 없이 생산자와 구매자 간 직접 거래 환경을 만들고, 정보를 공유할 수 있게 해준다.

온라인 시장이 저렴한 가격, 편리함을 장점으로 오프라인 시장을 대체하고 있는 것처럼, 거래비용 제로의 수퍼플루이드 환경이 현재 시장을 대체할 것이다.

거래비용
제로 시대

오프라인 시장에서는 여러 유통 단계를 거치면서, 수수료가 큰 비중을 차지했다. 하지만 인터넷 보급으로 생산자와 소비자 사이에 군림했던 중간거래는 대부분 소멸됐다. 유통구조는 단순화됐고, 수수료는 줄어들었다. 전통적인 시장에 비하면 효율성이 개선됐지만, 여전히 거래는 중앙에서 관리하고, 소비자들은 수수료를 지불해야 한다.

닷컴 기업들이 전통적인 오프라인 기업들을 밀어낸 것처럼, 블록체인, 인공지능, 사물인터넷, 클라우드, 로봇, 빅데이터 등 새로운 디지털 기술로 무장한 수퍼플루이드 기업들이 등장하고 있다. 이 기업들은 인터넷으로 재편된 점성시장을 다시 수퍼플루이드 시장으로 바꾸고 있다.

스마트 공유 플랫폼 서비스, 슬락잇

_____ 독일의 스타트업 슬락잇(Slock. it)은 블록체인과 사물인터넷(IoT)을 결합해 새로운 공유서비스를 제공한다. 회사는 '무엇이든 빌려주고, 팔고, 공유한다(Rent, Sell or Share anything)'는 슬로건 아래 아파트, 사무실, 자동차, 자전거 등을 공급자와 수요자가 직거래할 수 있는 플랫폼을 제공한다.

예를 들어, 아파트 소유자와 임차인이 계약을 체결하면 암호화폐 이더리움으로 서로 전자지갑을 통해 자동이체된다.

거래가 이루어지면 집 열쇠는 디지털 키 형태로 임대인 스마트폰에 전송된다. 사물인터넷(IoT)으로 연결된 주방기구, 가전제품을 구분해서 사용 권한을 줄 수도 있다. 슬락잇은 공급자와 수요자 사이에 개입하지 않고 블록체인 기반으로 신뢰성을 보장하는 중계 플랫폼만 제공한다.

중개업체가 개입하지 않으니 수수료도 없다.

블록체인 기반 차량공유서비스 사업모델, 라주즈

_____ 이스라엘 카셰어링 업체 라주즈(LaZooz)는 블록체인 기반 차량 공유서비스 업체다. 라주즈가 우버나 리프트(Lyft) 같은 업체와 다른 점은 거래를 중앙에서 관리하지 않고, 개인 간 거래할 수 있는 플랫폼만 제공한다는 것이다. 수익모델도 수수료가 아닌 기업가치 향상을 통한 초기 코인 공개(ICO, Initial Coin Offering)이기 때문에, 사용자는 수수료를 낼 필요가 없다.

라주즈 사용자는 공급자인 동시에 소비자가 된다. 서비스를 이용하기 위해서는 라주즈 앱을 켜고 카풀 서비스에 참여해야 한다. 카풀 주행거리에 따라 이더리움과 연동되는 주즈(Zooz) 토큰을 보상받을 수 있으며, 이 토큰으로 라주즈 서비스를 이용할 때 결제할 수 있다.

우버 같은 업체들이 플랫폼 중앙집권을 통해 이용료 20% 가량을 수수료로 떼 가는 반면, 라주즈는 수수료를 최소화하고, 서비스를 이용하는 사람이 많아질수록 자사 토큰 가치를 높여 수익을 내는 독특한 사업모델을 가지고 있다.

수요자와 공급자가 시장에 참여하기 위해서는 거래비용이 수반된다. 거래비용은 재화 또는 서비스 자체 가치와 거래 관련 정보수집, 협상, 계약이 불완전할 때 발생할 수 있는 문제까지 전체적인 비용을 포함한다. 온라인 쇼핑몰에서 구매를 할 때 쇼핑몰에 수수료를 내거나, 주식시장에서 주식을 거래할 때 주식중개인에게 중개료를 지불하는 것도 거래비용이다.

수퍼플루이드 환경에서 생산자와 소비자는 직거래를 할 수 있어 거래비용이 들지 않는다. 거래와 관련된 정보수집, 결제, 검증은 블록체인 기반 분산형 플랫폼이 맡게 된다.

투명화되는 자동차 정보

프랑스 자동차업체 르노는 블록체인 기반으로 자동차 정보를 통합·관리하는 자동차 여권 서비스를 마이크로소프트, 비세오(VISEO)와 협력해 개발 중이다. 지금까지 자동차 정보는 제조사, 보험사, 수리업체 등으로 나눠서 관리되고, 위·변조 가능성이 있었다. 르노가 개발 중인 자동차 여권은 자동차가 출고된 이후부터 사고 내역, 수리 이력을 블록체인 기반으로 분산 저장한다.

보험사와 수리업체들은 통합된 자동차 정보를 통해 차량가치와 문제점을 파악할 수 있고, 중고차로 판매할 때도 투명한 정보를 구매자에게 제공할 수 있다.

수퍼플루이드 환경은 거래, 결제와 관련된 정보에 블록체인 기술을 사용해 참여자가 관련 정보를 함께 관리할 수 있다. 거래와 관련된 정보는 거래에 참여한 사용자들에게 분산되어 저장되기 때문에 변조가 불가능하다.

참여자들이 거래 관련 정보에 쉽게 접근할 수 있게 되면서 수요와 공급에 대한 불확실성을 줄일 수 있다. 수요에 맞춰 필요한 만큼 생산하기 때문에 수요 예측 오차로 인한 비용도 줄어든다.

산업 도메인 간
경계 붕괴

03

수퍼플루이드 시대의 밸류체인

유형 1	유형 2	유형 3
밸류체인 재창조 (Horizontal expansion)	밸류체인 파괴 (Vertical expansion)	Eco-system 확대 및 강화 (Conversion)

기존 제조 Value Chain   서비스업

제조와 서비스업의 경계 파괴

산업 A
(이종)

산업 B
(플랫폼
사업자)

산업 C
(이종)

산업 A
(Private)

산업 B
(Public)

산업 C
(Private,
이종사업자)

수퍼플루이드 시장이 확산되면 플랫폼을 기반으로 사업을 쉽게 확장할 수 있어, 전통적인 시장에서 나타나는 산업 간 경계가 모호해진다. 전통 기업들은 새로운 사업에 진출하기 위해서 새로운 인력, 물리적 자산이 필요했지만, 수퍼플루이드 기업들은 디지털 자산을 통해 서비스를 확장한다.

아마존은 온라인 서적 판매로 시작했지만, 이후 온라인 쇼핑몰, 컨텐츠, 웹서비스로 사업을 확장했다. 온라인 플랫폼은 다른 산업으로 진출할 수 있는 지렛대 역할을 한다.

메르세데스 벤츠, 다임러 트럭 등 자동차 브랜드를 가지고 있는 다임러그룹은 자동차 제조업에서 자동차 서비스업 전 부문으로 사업을 확대하고 있다. 다임러는 자회사 무벨(moovel)을 통해 이동수단 공유 사업에 진출했다. 무벨은 자동차뿐 아니라 자전거, 버스, 기차 등을 통합해 목적지로 이동할 수 있는 통합 이동수단 서비스다. 다임러는 무벨 서비스를 위해 지난 10년간 마이택시(Mytaxi), 라이드스카우트(Ride Scout), 카투고(Car2Go), 카풀링(Carpooling) 등 카셰어링 업체를 인수했다.

분리되는
산업 밸류체인

중간 거래와 거래비용을 소멸시킨 수퍼플루이드는 '중앙통제식 공유경제'를 '분산형 공유경제'로 바꾼다. 개인 간 수수료 없는 투명한 직거래가 가능하고, 거래 과정과 보안성이 디지털 기술로 보장되면서 중앙에서 거래를 관리해온 중앙통제식 공유경제 필요성이 줄어든다.

점성시장에서 전통적인 강자들은 자신이 소유한 자산을 기반으로 서비스를 제공해왔다. 하얏트, 힐튼 같은 호텔들은 세계 곳곳에 있는 호텔이나, 코스트코와 월마트 같은 유통매장은 오프

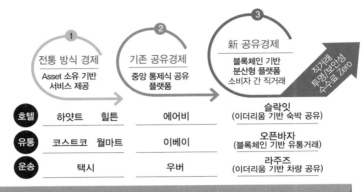

공유경제의 진화

①
전통 방식 경제
Asset 소유 기반
서비스 제공

②
기존 공유경제
중앙 통제식 공유
플랫폼

③
新 공유경제
블록체인 기반
분산형 플랫폼
소비자 간 직거래

지급력 보안성
투명성 수수료 Zero

호텔	하얏트 힐튼	에어비	슬락잇 (이더리움 기반 숙박 공유)
유통	코스트코 월마트	이베이	오픈바자 (블록체인 기반 유통거래)
운송	택시	우버	라주즈 (이더리움 기반 차량 공유)

중앙통제식 공유경제에서 분산형 신 공유경제로 진화

라인 매장 자체가 경쟁력이었다. 택시업체들도 경쟁업체보다 얼마나 많은 택시를 보유하고 있는지 여부가 경쟁력이었다. 기업들은 기존에 확보한 자산을 가지고 경쟁하기 때문에 규모에 따라서 순위가 정해졌고, 이 순위 변동은 거의 없었다.

하지만 블록체인 기반 분산형 공유 플랫폼을 도입한 슬락잇과 차량 공유서비스 라주즈는 개인 간 직거래 환경을 제공해 우버와 에어비엔비를 위협하고 있다. 인터넷이 기존 점성시장의 중간 거래 단계를 소멸시킨 것처럼, 슬락잇과 라주즈는 블록체인과 사물인터넷, 인공지능 등 새로운 기술로 중앙통제식 공유 플랫폼을 분산형 플랫폼으로 대체하고 있다.

밸류체인은 새로운 형태로 바뀌거나 단계가 줄어들 뿐 사라지지 않는다. 소비자들은 기업의 특성, 영업방식과 상관없이 편리하고, 단순하며, 즉각적인 서비스와 제품을 선택한다. 기존 산업의 밸류체인은 물리적인 자원, 인력을 중심으로 구성되었지만, 디지털 기술을 통해 단순화하거나 없앨 수 있다.

자동차 산업에서 애프터마켓 서비스 업체들은 중요한 역할을 차지했다. 소비자들은 자신의 자동차 오류를 수정하거나, 내비게이션 지도를 업데이트하기 위해서 서비스센터를 방문해야 했다.

반면 전기차 업체 테슬라는 서비스센터 대신 무선 인터넷 기능을 사용한다. 자사 전기차에 탑재된 무선인터넷을 통해 소비자들이 잠든 사이 업데이트를 진행한다. 소비자들은 서비스센터에 예약을 할 필요가 없고, 복잡한 절차를 거칠 필요도 없다. 전기차 등장으로 애프터마켓 서비스 업체들이 완전히 사라지지는 않겠지만 밸류체인에서 위치는 완전히 바뀔 것이다.

소유경제에서 공유경제로

에어비앤비는 전 세계 191개국에서 400만 개 이상 객실을 제공하는 숙박업체로 성장했다. 이는 세계 5대 호텔 체인의 객실 수의 합보다 많은 수치다. 우버도 세계 65개국 600개 도시에서 매일 1,500만 명 이상 사용자가 서비스를 사용한다. 공유경제는 숙박과 자동차를 넘어 생활 속으로 파고들고 있다. 반려동물 부문 에어비앤비로 불리는 반려견 돌봄 공유서비스인 도그베케이(DogVacay)는 전 세계 3,000여 곳에서 서비스를 제공하고 있다.

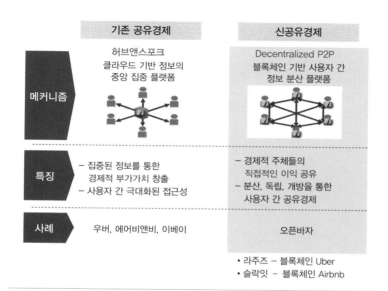

신공유경제의 전환

	기존 공유경제	신공유경제
메커니즘	허브앤스포크 클라우드 기반 정보의 중앙 집중 플랫폼	Decentralized P2P 블록체인 기반 사용자 간 정보 분산 플랫폼
특징	- 집중된 정보를 통한 경제적 부가가치 창출 - 사용자 간 극대화된 접근성	- 경제적 주체들의 직접적인 이익 공유 - 분산, 독립, 개방을 통한 사용자 간 공유경제
사례	우버, 에어비앤비, 이베이	오픈바자 • 라주즈 – 블록체인 Uber • 슬락잇 – 블록체인 Airbnb

하지만 공유경제는 거래를 관리하는 주체가 있기 때문에, 중앙집권 방식이라는 구조적인 부문에서 한계가 있다. 우버와 에어비앤비 모두 사용자와 서비스 제공자를 연결시켜주었을 뿐, 전통적인 기업처럼 중앙집중형 사업자로 거래의 대부분을 독점해 수익을 내고 있다. 오히려 이전보다 강력한 중간자로서 견제를 받지 않는다.

수퍼플루이드 시대는 중앙집중형 공유경제에서 탈피해 블록체인을 기반으로 한 분산형 공유경제 시대로의 전환을 의미한다.

사용자와 생산자는 블록체인 기반 플랫폼 위에서 직거래를 하고, 관련 정보는 집중되지 않고, 분산돼 저장된다. 거래에 대한 수익도 중간자가 아닌 사용자와 생산자에게 돌아간다.

이 같은 변화는 생산자와 소비자에게 더 나은 경험을 제공하고, 이로 인해 현재 공유경제는 수퍼플루이드 시대에 맞는 신 공유경제로 다시 한 번 전환될 것으로 전망된다.

새로운 시대의 도래,
변화하는 생태계

_____ 제4의 물질로 불리는 수퍼플루이드 발견은 물리학에서 고정관념을 깬 혁신적인 발견이다. 하지만 현실에서 수퍼플루이드의 영향을 받을 일은 거의 없다.

하지만 경제학에서 수퍼플루이드는 상상으로만 가능했던 이상적인 시장경제 환경을 만들고, 기업과 개인, 사회에 직접적인 영향을 미친다.

인터넷은 생산자와 소비자의 정보격차를 줄이고, 수수료를 내야 하는 중개자가 있는 전통시장을 효율적으로 바꿨지만, 수퍼플루이드 시대는 인공지능, 사물인터넷, 클라우드, 빅데이터, 블록체인, 로보틱스 등 혁신적인 디지털 기술이 남아 있는 비효율을 없앤다. 수퍼플루이드 시대에 중앙통제식 방식은 시장 참여자 모두가 검증하는 분권형 방식으로 바뀐다. 생산자와 소비자의 정보격차가 없어져 역할 구분이 모호해지고, 중개자는 사라져 수수료 없이 개인 간 직접 거래를 할 수 있다.

이 같은 변화는 기존 산업이 만들어 왔던 생태계 붕괴를 불러온다. 그렇다면 수퍼플루이드 시대에 바뀌는 환경 변화는 어떤 것이 있는지 살펴보자.

PART
2

수퍼플루이드가
불러온 4가지
커다란 산업계 변화

새로운 기술의 등장은 기존 구축된 생태계에 영향을 미친다. 단발적인 기술은 생태계에 자극을 주며 흡수된다. 하지만 영향력이 클 경우에는 기존 생태계에 큰 충격을 줘서 새로운 생태계를 만든다.

수퍼플루이드를 구성하는 빅데이터, 클라우드, 사물인터넷, 인공지능, 블록체인, 로보틱스는 이전에도 있었다. 지금은 각 기술의 성숙도가 산업에 파급력을 미칠 만큼 고도화되었고 서로 연계되어 개별 기술로는 불가능했던 서비스를 구현할 수 있게 되었다.

수퍼플루이드는 각 산업을 구성하는 전통적인 밸류체인을 분해하고 새로운 가치와 기회를 제시한다. 물리적인 제약, 기술적인 한계로 인해 실제로 구현되기 어려운 이상적인 서비스가 실제 시장에 적용, 확산될 수 있는 기반을 마련한다.

수퍼플루이드가 산업에 가져올 충격은 크게 4가지다.

첫째 플랫폼을 구축한 기업이 시장을 장악하는 '플랫폼 기업의 전방위적 사업독식', 둘째 산업별 구분이 사라지는 '이종사업자와의 무한 경쟁', 셋째 후발업체들의 '패스트팔로어 모델 한계', 넷째 기존 기업들이 2차 붕괴되는 '신 코닥모멘트의 도래'다.

이 같은 충격은 현재 만들어진 산업별 생태계가 새로운 형태로 구성되는 것을 의미한다. 누군가에게는 위기로 작용하지만 누군가에게는 기회가 될 수 있다.

1

수퍼플루이드 지배자,
플랫폼 기업의
사업영역 재정의

수퍼플루이드 시대에 플랫폼은 사업을 성장시키는 핵심 경쟁력이다. 플랫폼을 구축하기 위해서는 치열한 경쟁을 거쳐야 하지만 성과는 기존 시장보다 훨씬 크다. 전통적인 제조업, 유통업에서 플랫폼의 성장은 물리적인 제약이 있었지만 수퍼플루이드 시대에 플랫폼은 규모가 곧 영향력을 의미한다. 한 번 구축된 플랫폼은 사업을 선순환시키는 역할을 할 뿐 아니라 다른 사업에 쉽게 진출할 수 있는 지렛대 역할을 한다.

플랫폼 기업에 대한 이해

플랫폼의 정의

사전적/전통적 개념	디지털 환경에서의 플랫폼 비즈니스 개념
• 물리적 구조물, 작업을 위해 접근하거나 사용하는 구조물 • 다양한 상품을 생산하거나 판매하기 위해 공통적으로 사용하는 기본 구조 ex) 철도 플랫폼, 자동차 플랫폼	• 서로 다른 사용자 그룹 간 상호작용을 가능하게 하는 매개체로서 Player 간 연계/중계 기관 역할 수행 • H/W, S/W, Service를 모두 포괄하는 구조

플랫폼(platform)의 사전적 의미는 주변보다 높은 수평으로 평평한 단을 말한다. 중세 프랑스어(plate-forme)가 어원이다. 정부 시책에 따른 '환경', '기반' 소프트웨어 또는 시스템 '작업 환경'을 말하기도 한다. 경영에서는 사업이나 서비스를 할 수 있는 환경이나 토대를 말한다.

과거 플랫폼은 다양한 용도에 공통적으로 활용할 목적으로 설계된 구조물을 일컫는 한정된 용도로 규정됐지만, 현재 플랫폼은 서로 다른 구성원들이 연계할 수 있도록 상호 인터페이스를 제공하는 하드웨어, 소프트웨어, 서비스를 모두 포함하는 개념으로 확장됐다.

카카오톡이나 페이스북은 그 자체가 플랫폼이며 우버, 에어비앤비의 애플리케이션, 애플과 구글의 앱스토어도 플랫폼이다. 생산자와 수요자가 서로 모여서 상호작용을 할 수 있는 장을 만들 수 있다면 모두 플랫폼으로 볼 수 있다.

기존에도 플랫폼은 존재했다. 남대문시장, 롯데백화점, 이마트도 생산자와 소비자가 거래할 수 있는 플랫폼이며 KB국민은행, 하나투어와 같은 금융사, 여행사도 플랫폼 역할을 하고 있다. 플랫폼은 거래에 따라 각기 다른 형태로 존재했고 사용자 사이에 제품과 서비스를 교환할 수 있는 장을 제공했다.

플랫폼이 원활하게 작동하기 위해서는 공통의 하드웨어, 소프트웨어를 사용해야 하기 때문에 영향력이 제한적이었다. 하지만 인터넷의 등장으로 그동안의 걸림돌이 사라져 플랫폼은 연결되는 대상 모두에게 영향력을 발휘할 수 있게 됐다.

플랫폼 비즈니스는 생산자와 소비자가 1대 1로 연결된 기존 비즈니스 모델과 달리, 생산자와 소비자 또는 같은 생산자나 소비자끼리 서로 연결돼 상호작용이 극대화된다.

또한 플랫폼은 집단지성, 네트워크 효과, 사용자 생성 컨텐츠 등의 특성도 갖는데, 이는 참여자들의 교류가 촉진되면서 기존에는 없는 새로운 부가가치를 생성하는 선순환 작용을 만든다.

플랫폼은 기능과 종류에 따라 컨텐츠, 유통, 통신, 쇼핑 등 다양한 형태로 존재한다. 최근 아마존, 애플, 구글은 플랫폼에 필요한 하드웨어와 소프트웨어까지 자체 개발해 통합 제공하는 전략을 쓰고 있다.

플랫폼의
압도적 영향력

플랫폼이 수퍼플루이드 환경에서 중요해진 이유는, 그 영향력이 기하급수적으로 확대되고 있기 때문이다. 전통적인 플랫폼은 물리적인 한계 때문에 참여자가 한정됐다. 남대문시장, 이마트가 더 많은 참여자를 끌어들이기 위해서는 추가로 공간을 확보해야 하고 더 많은 관리 비용과 복잡성이 요구된다.

하지만 아마존, 이베이 등 인터넷을 기반으로 구현된 플랫폼은 참여하는 생산자와 수요자가 많아지면 오히려 관리 비용이 줄어든다. 더 많은 참여자들이 쏟아내는 정보는 플랫폼을 더 강하게 만들어 주는 요소로 작용한다.

전통적인 플랫폼이 더 커질수록 더 큰 비용과 문제를 발생시켰다면, 인터넷 기반 플랫폼은 사용자가 많아질수록 플랫폼을 강하게 만드는 원동력이 된다.

이런 플랫폼 기반 사업은 생산자와 소비자, 플랫폼 간 상호작용을 통해 가치가 창출되므로 선형적인(linear) 밸류체인(Value chain)을 가진 전통적인 사업과는 달리 파괴적 혁신이 가능하다. 파괴적 혁신의 원동력은 '규모의 경제(Economies of Scale)'와 '네트워크 효과(Network Effect)'다. 제조기업 플랫폼의 성장과 가치는 규모에 비례해서 발생하지만, 수퍼플루이드 기반 인터넷 플랫폼의 가치는 일정 규모에 도달하면 기하급수적으로 커진다.

플랫폼 기업의 전방위적 **사업 확장**

플랫폼 기업들은 대개 SNS, 쇼핑, 운송, 통신 등 특정 산업에서 성장하였으나 점차 막대한 수의 고객을 대상으로 생활 영역 전반에 대한 서비스를 통합 제공하는 종합 플랫폼 기업으로 거듭나고 있다.

중국 인터넷 기업 텐센트(Tencent)가 운영하는 모바일 메신저 서비스 '위챗(Wechat)'은 메신저 서비스 앱을 통해 모바일 브라우저, 전화번호부 등 모바일 유틸리티뿐 아니라 음식배달, 전자결제 등 O2O 영역, 온라인 쇼핑몰, 온라인 여행사 등 전자상거래, 나아가 클라우드 컴퓨팅까지 영역을 확대하고 있다. 텐센트가 새로운 서비스들을 확장해나갈 수 있는 이유는 바로 월 평균 사용자 수가 10억 명에 이르는 위챗 사용자 기반 때문이다. 위챗 사용자들은 이미 위챗에 락인(Lock-in)되어 있어서 위챗이 제공하는 서비스를 사용하지 않으면 불편할 정도다.

통신 플랫폼 기반으로 금융업 진출한, 프랑스의 '오렌지(Orange)'

_____ 프랑스 1위 통신사인 오렌지는 2017년 10월 모바일 은행을 설립하고 은행업에 진출했다. 오렌지는 자사 모바일 서비스 고객 2,100만 명을 대상으로 금융업에 진출한 것을 알렸고, 고객들이 스마트폰 또는 오렌지 대리점을 통해 모바일 은행 계좌를 만들 수 있도록 했다.

프랑스에는 이미 인터넷 은행이 존재했지만, 오렌지는 경쟁사보다 더 쉽고, 편리하게 계좌를 만들 수 있도록 해서 가입자를 빠르게 확보했다.

모바일 은행이지만 유로존 전역의 현금인출기에서 무료로 출금 서비스를 제공하고, 자사 간편 결제서비스 오렌지 캐쉬뿐 아

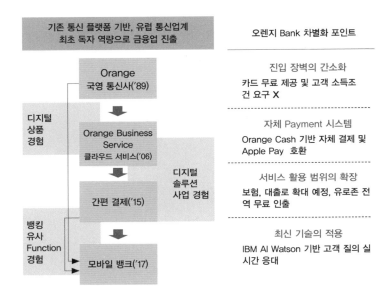

니라 애플페이와 호환성도 제공했다. 소비자들이 기존 은행 서비스에 불만을 가지고 있는 고객 대응 부문의 개선을 위해, IBM 인공지능 왓슨(Watson)을 활용해 실시간 대응에 나섰다.

오렌지는 모바일 은행 구축을 위해 2015년부터 준비했다. 이동통신사로서 구축한 디지털 상품 노하우와 기존 확보된 디지털 솔루션 역량, 모바일 은행에서 중요한 보안과 안정적인 네트워크 운영을 바탕으로 고객에게 기존 인터넷 은행보다 더 나은 경험을 제공했다.

오렌지는 모바일 은행에서 그치지 않고 향후 보험과 일반 대출, 부동산 담보 대출로 사업영역을 확대할 계획이다.

검색엔진에서 모바일, AI 플랫폼으로 진화하는 구글

_____ 웹 기반 검색엔진 업체인 구글은 세계 기업들이 주목하는 하이테크 기업으로 성장하고 있다. 구글은 스마트폰을 비롯한 모바일 서비스 시장, 로봇, 자율주행, 드론, 증강현실(AR) 등 미래 시장 선점을 위한 공격적인 기술 투자를 통해 사업영역을 확대하고 있다.

새로운 사업 진출을 위해 구글은 지속적으로 스타트업을 인수하며 신기술을 확보하고 있다. 2000년 이후 200여 건의 인수합병을 진행했으며, 각 스타트업들은 구글이 축적한 기술력은 물론, 다른 스타트업들과의 상승효과를 내며 미래 기술을 주도하고 있다.

구글의 인수합병은 시기와 기술에 따라 3단계로 구분된다.

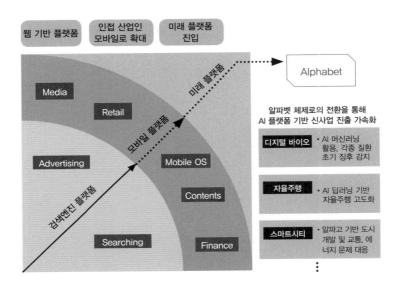

플랫폼 기업으로 진화하는 구글

웹 기반 플랫폼

인접 산업인 모바일로 확대

미래 플랫폼 진입

Media

Retail

Advertising

Mobile OS

Contents

Searching

Finance

미래 플랫폼

모바일 플랫폼

검색엔진 플랫폼

Alphabet

알파벳 체제로의 전환을 통해 AI 플랫폼 기반 신사업 진출 가속화

디지털 바이오 · AI 머신러닝 활용, 각종 질환 초기 징후 감지

자율주행 · AI 딥러닝 기반 자율주행 고도화

스마트시티 · 알파고 기반 도시 개발 및 교통, 에너지 문제 대응

1998년부터 2005년까지는 웹 기반 검색 플랫폼 강화를 위해 방대한 문서 확보를 위한 검색 서비스 관련 스타트업을 인수했다. 이를 통해 검색어 기반 광고인 '애드센스(AdSense)'를 출시해 세계 검색시장과 검색광고 시장을 확보해 안정적인 수익구조를 마련했다.

2006년부터 2011년에는 모바일 부문 강화를 위해 자체 모바

90

일 OS '안드로이드', 동영상 컨텐츠 서비스 유튜브 인수를 진행했다. 초기 안드로이드 OS는 불안했고, 유튜브는 가입자 확보에 어려움을 겪었다. 구글은 지속적인 서비스 개선을 통해 안드로이드 OS 점유율을 스마트폰 1위로 올려놨고, 유튜브를 세계의 동영상을 한데 모은 서비스로 만들었다.

안정적인 사업구조를 구축한 구글은 2012년 이후 미래 플랫폼에 공격적인 투자를 한다. 로봇, IoT, 드론, 무인자동차, 스마트시티 등 웹과 모바일 이후 떠오르는 플랫폼에 사활을 걸고 있다.

2015년 이후 구글은 사업구조를 개편해 웹, 모바일을 연동한 신사업을 추진 중이다. 지주사인 알파벳을 설립해 기존 인터넷 기반 사업은 구글에 포함하고, 금융 사업 부문인 구글 벤처스, 구글 캐피털을 별도 자회사로 조직했다.

이외에도 구글은 암과 노화 치료제를 개발하는 캘리코(Calico), 헬스케어 서비스 업체 베릴리(Verily), 도시가 직면한 주요 문제 해결을 위한 사이드워크 랩스(Sidewalk Labs), 스마트홈 네스트(Nest) 등을 통해 변화될 미래 환경에 대응하고 있다.

전자상거래에서 물류, 그리고 클라우드 컴퓨팅으로 확장하는 아마존

_____ 아마존은 초기 닷컴기업으로 1994년 설립 초기 온라인 서점으로 사업을 진행했다. 이후 회사는 온라인 쇼핑 확산으로 취급 품목을 다양화해 미국뿐 아니라 세계를 대상으로 한 온라인 쇼핑몰로 성장하고 있다.

아마존은 세계적인 전자상거래 업체로 알려져 있지만, 실제 수익은 자사 컴퓨팅 능력을 향상시키기 위해 2006년 출범한 아마존웹서비스(AWS)가 담당하고 있다. AWS 2018년 매출은 61억 1,000만 달러로 전체 아마존 매출에서 차지하는 비중은 11.5%이지만, 수익은 16억 4,000만 달러로 수익의 70% 이상을 차지한다. 성장률도 전년 동기 대비 50% 수준으로 앞으로도 아마존의 주 수익원 역할을 할 것으로 전망하고 있다.

외부 클라우드 서비스를 사용해온 경쟁자와 달리 아마존은 자체 클라우드 서비스 AWS를 활용해 트래픽 증가에 더 빠르게 대응할 수 있었다. 또한 AWS는 아마존이 온라인 쇼핑 플랫폼을 기반으로 확보한 고객과 기술을 활용해 다양한 분야로 사업을 확장하는 데 기여하고 있다.

아마존은 AWS를 자체 온라인 쇼핑몰 운영에 활용하는 수준

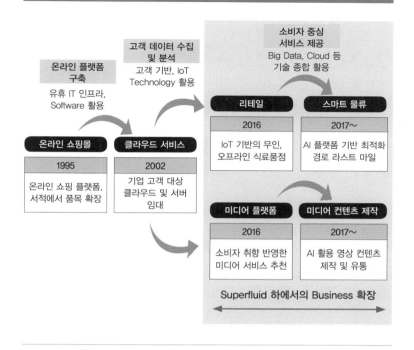

아마존의 사업영역 확장

온라인 플랫폼
구축
유휴 IT 인프라,
Software 활용

고객 데이터 수집
및 분석
고객 기반, IoT
Technology 활용

소비자 중심
서비스 제공
Big Data, Cloud 등
기술 종합 활용

온라인 쇼핑몰	클라우드 서비스
1995	2002
온라인 쇼핑 플랫폼, 서적에서 품목 확장	기업 고객 대상 클라우드 및 서버 임대

리테일	스마트 물류
2016	2017~
IoT 기반의 무인, 오프라인 식료품점	AI 플랫폼 기반 최적화 경로 라스트 마일

미디어 플랫폼	미디어 컨텐츠 제작
2016	2017~
소비자 취향 반영한 미디어 서비스 추천	AI 활용 영상 컨텐츠 제작 및 유통

Superfluid 하에서의 Business 확장

에서 머무는 것이 아니라 외부 기업 대상으로 클라우드 플랫폼 서비스도 진행하고 있다. AWS는 기업용 클라우드 부문에서 점 유율 1위로, 기존 클라우드 업체인 구글, 마이크로소프트, IBM 을 압도한다. 이에 직간접적인 아마존 경쟁사가 AWS를 클라우드 서비스로 활용하는 사례도 나타나고 있다.

클라우드 부문의 경쟁력은 미디어 플랫폼으로의 영역 확장에
도 기여한다. 아마존은 기존 음반, 블루레이 디스크 판매에서 나
아가 클라우드 기반 음악 스트리밍, 주문형 비디오 서비스를 제
공하고 있다. 2010년에는 미디어 제작업체인 '아마존 스튜디오
즈'를 설립해 자체적으로 영화와 드라마를 제작하고 있다.

아마존은 온라인 쇼핑몰 확대를 위해 클라우드 부문으로 진
출하고, 클라우드 경쟁력을 바탕으로 미디어 시장까지 영역을
넓혔다. 이는 매출은 높지만 수익률이 낮은 유통업계의 통념을
깨는 획기적인 전략으로 평가받고 있다.

이와 별도로 아마존은 온라인 쇼핑몰을 오프라인으로 연계하
기 위해 식료품 업체 홀푸드마켓을 인수하고, IoT 기술을 적용
해 무인으로 운영하는 소매점 '아마존 고(Amazon Go)' 파일럿 매
장도 시범 운영하고 있는 등 다방면으로 혁신을 추진하고 있다.
아마존은 물류서비스 혁신을 위해 인공지능과 IoT를 결합한 스
마트 물류서비스를 개발 중이고, 로봇을 이용해 물류센터를 전
면 자동화하고, 교통이 혼잡한 도심에서 배송시간을 단축하기
위해 드론 배송도 개발하고 있다.

중국을 넘어 세계로 향하는
알리바바그룹

_____ 전자상거래 업체 알리바바그룹은 B2B로 확보한 플랫폼을 바탕으로 B2C, 해외 쇼핑몰로 영역을 확장하고 있다.

1999년 3월 창업한 알리바바는 B2B 전자상거래 사이트 '알리바바닷컴(Alibaba.com)'을 통해 회원을 모아 급성장했다. 이후 회사는 일반 소비자 대상 B2C 온라인 쇼핑몰 '타오바오(Taobao.com)', 간편 결제서비스 '알리페이(Alipay)'로 사업을 확장했다.

알리바바는 2014년 미국 뉴욕증권거래소에 상장해 250억 달러를 확보해 중국을 넘어 글로벌 전자상거래 업체로 성장하고 있다.

알리바바가 성장한 과정은 아마존과 흡사하다. B2B로 전자상거래에서 자연스럽게 확보한 기업 고객들이 물품을 수급한 뒤, 직접 판매할 수 있는 쇼핑몰 타오바오와 연계했다. 알리바바는 각 쇼핑채널을 통해 판매했던 기업 고객들을 타오바오로 유인하기 위해 판매수수료를 없앴다. 대신 소비자가 타오바오에서 검색하면 광고를 한 기업을 상단에 노출해주는 방식으로 수익을 보전했다. 결제시스템 과정을 단순화하기 위해 신용카드, 은행계좌를 통해 현금을 충전해 결제할 수 있는 '알리페이(Alipay)'를 도입했다.

아마존이 IT서비스 부문을 별도 사업부 아마존웹서비스(AWS)로 확장한 것처럼, 알리바바도 클라우드 부문을 주요 사업 부문으로 육성하고 있다.

알리바바는 알리바바닷컴, 타오바오 등을 운영하면서 축적한 웹서비스 기술력을 바탕으로 2009년 클라우드 서비스 '알리바바 클라우드(www.alibabacloud.com)를 운영하고 있다. 알리바바 클라우드는 알리바바그룹 전자상거래뿐 아니라 해외 기업을 대상으로 서비스를 제공하고 있다.

알리바바는 타오바오만으로는 해외 사업에 한계가 있다고 판단해, 2010년 해외 소비자 대상 전자상거래 서비스 '알리익스프레스(Aliexpress.com)'를 오픈한다. 타오바오는 중국어를 중심으로 운영됐지만, 알리익스프레스는 영어와 주요 국가 언어를 지원해 해외 소비자들도 쉽게 구매할 수 있도록 했다.

더 나아가 알리바바는 빅데이터와 사물인터넷, 첨단 IT기술을 바탕으로 온라인과 오프라인상 거래, 여기에 물류라는 세 분야를 융합한 '신유통'이라는 개념을 제시하고 있다. 알리바바가 새로운 사업을 빠르게 확산할 수 있었던 것은, 기존 확보한 플랫폼을 기반으로 한 단계씩 영역을 넓혀나갔기 때문이다. 알리바바그룹 내 전자상거래를 통해 발생하는 수십억 건의 거래는 소비자 행동과 유행 변화를 읽을 수 있게 한다. 전자상거래를 통해 확보한 플랫폼은 단순히 규모의 경제뿐 아니라 사업 방향을 예측하는 데 도움을 준다.

알리바바그룹의 2017년 매출은 398억 9,800만 달러(약 43조 원)로 전년 대비 58% 증가했으며, 전자상거래 사용자 수는 5억 5,200만 명에 달한다. 알리바바그룹은 디지털 엔터테인먼트와 음식 배달 서비스 등으로 사업을 확장하고 있다.

게임업체에서 컨텐츠 플랫폼 기업으로 도약한 밸브코퍼레이션

_____ 1996년 창립한 미국 게임업체 밸브코퍼레이션 (Valve Corporation)은 카운터 스트라이크, 하프라이프 등 유명 게임을 개발해왔다. 회사는 게임 제작과 별도로 게임 판매, 오류 수정 등에 많은 불편함이 존재하는 것을 확인했다. 이에 2003년 게임 판매, 보안 업데이트, 오류 수정 등을 온라인으로 제공할 수 있는 게임 관리 플랫폼 '스팀(Steam)'을 개발했다.

이전까지 소비자들이 게임을 구입하기 위해서는 오프라인에서 패키지를 구입하거나, 해당 게임업체의 홈페이지, 개별 온라인 스토어에서 구입해야 했다. 반면 스팀은 게임업체들이 게임을 온라인으로 판매할 수 있는 서비스를 제공할 뿐 아니라, 사용자가 자신의 계정으로 구입한 게임을 관리할 수 있는 라이브러리를 구축할 수 있도록 했다.

스팀은 계정으로 접속하기 때문에 사용자는 스팀에서 게임을 구입하면 인터넷 환경이 있는 PC에서 설치 및 플레이가 가능하다. 미디어도 필요 없기 때문에 DVD 보관 등의 수고를 줄일 수 있다. PC를 교체했을 때나 운영체제를 새로 설치했을 때, 다른 PC에서 구입한 게임을 하고 싶을 때도 계정에 접속해 바로 게임을 즐길 수 있다. PC에서 삭제한 게임도 스팀 계정에 구매 이력이 남아 있기 때문에 다시 설치해서 즐길 수 있다. 게임 소프트웨어 업데이트도 자동으로 이루어지기 때문에 호환성 문제도 줄어든다.

게임업체들은 스팀에 게임을 등록해 현지화 작업 없이 바로 세계 게이머들에게 게임을 판매할 수 있다. 게임 개발 이외에 패키징, 마케팅 등을 할 인력이 없는 중소 게임업체들은 스팀을 통해 판매채널을 확보할 수 있어 본연의 업무인 게임 개발에 집중할 수 있다.

밸브코퍼레이션은 2010년 스팀 서비스를 Mac OS로 확대했고, 리눅스 OS도 지원하고 있다. 2015년에는 직접 개발한 리눅스 기반 운영체제 '스팀OS'를 탑재한 전용 게이밍 콘솔 '스팀 박스'도 개발해 판매하고 있다. 회사는 스팀을 통해 전 세계 사용자들이 어떤 게임을 얼마나 플레이하고, 어떤 브랜드의 PC, 그래픽카드를 사용하는지도 조사하고 있다. 이와 관련된 정보는 자체 서비스 개선에 활용하고, 하드웨어 제조업체에 전달해 후속 제품을 개발하는 데 반영한다.

스팀은 초기 일부 게임업체들이 참여했지만, 현재는 일렉트로닉 아츠, 유비소프트, 락스타게임스, 워너브러더스, 액티비전 등 글로벌 게임업체들이 참여해 게임을 판매하고 있다. 2017년 기준 스팀 회원은 전 세계 2억 명에 달하며, 동시 접속자 수가 1,000만 명이 넘는다. 스팀은 게임 부문에서 가장 많은 사용자를 확보한 플랫폼을 넘어서 소프트웨어, 영화 등 디지털 컨텐츠까지 사업영역을 확대하고 있다.

플랫폼은 이전에도 존재했지만, 수퍼플루이드에서 플랫폼은 영향력이 기하급수적으로 확대된다. 물리적인 플랫폼은 그만큼의 복잡성과 효율성 저하를 가져오지만, 수퍼플루이드 환경에서의 플랫폼은 디지털 기술 기반으로 무한히 확장될 수 있다.

오히려 플랫폼이 확장될수록 고정비용은 줄어들기 때문에 운영 효율성이 높아진다. 한 번 구축된 플랫폼은 쉽게 흔들리지 않고 다른 영역으로 쉽게 진출할 수 있기 때문에, 기업과 기업의 대결구도는 플랫폼과 플랫폼의 대결로 전환됐다. 애플, 아마존, 구글 등 기업들이 플랫폼 부문에 집중하는 이유도 이 때문이다.

2

수퍼플루이드, 무한 경쟁의 시작

수퍼플루이드 시대에는 기존 시장경제를 유지해왔던 구조가 극도의 효율을 추구하는 형태로 재편된다. 디지털 기술혁신은 기업들이 이종사업으로 쉽게 전환할 수 있는 기회를 만들어 기존 시스템을 보호했던 진입장벽이 사라진 무한 경쟁체제로 바뀐다.

자동차업체는 컨텐츠 업체와 경쟁하고 카드사업자는 통신업체와 새로운 결제시장을 두고 경쟁한다. 산업 근간이 뒤바뀌면서 시장의 주도권을 쥐고 있는 업체가 하루아침에 바뀔 수 있다. 새로운 디지털 기술혁신 도입에 적극적인 업체는 변화를 기회로 만들고, 소극적인 업체에게는 변화가 위기로 다가올 것이다.

이종사업자와의 무한 경쟁

디지털 기술이 모든 산업 영역에서 중추적인 역할을 담당하며, 디지털 기술을 중심으로 사업모델의 전면적인 변화가 발생하고 있다. 새로운 기술들은 파괴적인 혁신을 일으키면서 이전 세대와 구분되는 수퍼플루이드 시대를 만들고 있다.

이제 기업 경쟁력은 새로운 디지털 기술을 어떻게 활용하는지에 따라 결정된다. 3D 프린팅, AI, 빅데이터 등 디지털 역량을 얼마나 효과적으로 활용하는지에 따라 순위가 바뀔 수 있다. 신기술 도입에 적극적인 스타트업들이 산업을 재편하고 있다.

메르세데스 벤츠와 경쟁하는 **다이슨**

02

자동차 부문은 큰 변화를 앞두고 있다. 지난 100년간 자동차 시장을 이끌었던 내연기관차는 유럽을 중심으로 강화되는 환경 정책으로 입지가 약해지는 반면, 전기차 부문은 부상하고 있다. 여기에 기능상으로도 자율주행 부문이 주목받으며 자동차 산업의 근간이 바뀌고 있다.

그동안 자동차 부문은 디자인과 출력, 브랜드, 안전성 등이 경쟁요소였다. 미국 자동차 빅3로 불리는 제너럴모터스, 포드, 크라이슬러를 비롯해 폭스바겐그룹, 도요타 등은 대규모 생산시설 구축을 통한 생산량 확대로 경쟁을 했다. 대량 생산을 통한 원가절감, 동력 성능 개선을 통한 상품성 강화가 핵심 경쟁력이었다.

하지만 지금 자동차는 인포테인먼트, 주행보조장치(ADAS) 등이 보편화되며 달리는 전자제품으로 진화하고 있다. 운전의 재미보다 차 안에서 얼마나 재미있게 보낼 수 있는지, 자율주행기능을 어느 정도 수준까지 제공하는지가 중요해지고 있다.

변화된 시장에서 자동차업체들은 자율주행 기술과 커넥티드카 시스템 개발에 주력하면서, 기계공학의 산물이었던 자동차 부문에서 IT 비중을 확대하고 있다.

이와 별도로 공유경제 확산으로 카셰어링 업체들 또한 시장에서 위치가 서비스 제공자에서 교통 인프라 전반을 담당하는 형태로 바뀌고 있다. 그동안 자동차 산업을 이끌었던 동력이 내연기관에서 전기차, 하드웨어에서 소프트웨어로 바뀌면서, 새로운 게임의 룰을 빠르게 받아들이는 업체들이 자동차 시장에 뛰어들고 있다.

이런 변화는 자동차업체들이 그동안의 경쟁자들과 별도로 디지털 기술로 무장한 이종사업자들과 경쟁을 해야 하는 환경을 만들고 있다.

허물어지는
진입장벽과 신세력의 등장

_____ 그동안 자동차 업계 진입장벽은 3만여 개에 달하는 부품을 수급하고, 각 부품을 조립 · 가공할 수 있는 거대 생산시설의 확보였다. 하지만 내연기관차가 전기차로 바뀌면서 대규모 생산시설을 확보하지 않아도 3D 프린팅 제조 방식으로 자동차 부문에 진출할 수 있게 되었다. 자동차 부문의 신규업체 진출을 막아온 장벽이 허물어진 셈이다.

자동차 시장에서 전기자동차가 주목을 받으며, 새로운 업체들이 이 시장에 진출하고 있다. 청소기와 헤어 드라이어, 가습기, 공기청정기 같은 소형 생활 가전제품을 만들어온 영국 다이슨은 2020년까지 20억 파운드(약 3조 원)를 투자해 전기차 3종과 전기차에 탑재되는 배터리를 개발할 계획이다. 이는 전기차 대표업체 테슬라가 지난 5년간 전기차 개발에 투자한 금액(28억 달러, 약 3조 원)과 비슷한 규모다.

배터리는 전기차 기술을 결정짓는 핵심 부품으로 제조원가의 30~40%를 차지하고 있다. 다이슨은 효율이 높은 배터리를 자체 생산해, 전기차 시장에 진출한다는 계획이다. 다이슨은 전기차 사업을 위해 테슬라, 애스턴마틴 등에서 핵심인력을 공격적으로 채용해왔으며, 전체 직원 4,000명 중 10%에 해당하는 직원을 전기차 프로젝트에 배치했다.

전기차 업체들은 전기모터, 배터리 등 전기차 제조에 필요한 핵심부품을 수급해, 모듈화된 부품과 조합해 쉽게 생산할 수 있다. 전기모터와 배터리는 기존 자동차업체들이 수십 년간 축적한 내연기관 기술과 동력 전달 기술을 간단히 대체할 수 있게 해 준다. 3D 프린터 등을 통해 자동차 생산이 가능해 거대 생산시설 없이 전기차를 생산할 수 있다.

내연기관 자동차 시장은 구동 기술력과 생산력을 확보한 완성차 업체들이 주도권을 가지고 있었지만, 전기차 시장에서는 고성능 전기모터, 배터리를 생산할 수 있는 부품업체들 또는 전기차에 활용되는 운영체제, 플랫폼 기업들이 주도권을 가져갈 것으로 전망된다.

구글과 애플은 직접 완성차를 만들지는 않지만 각각 '안드로이드 오토(Android AUTO)', '카플레이(Car Play)' 인포테인먼트 플랫폼을 제공하고 있다. 현재는 인포테인먼트 부문에 한정하고 있지만, 미래차 시장을 겨냥한 서비스로 해석된다. 물론 자동차 업체들도 이에 대응해 자체 플랫폼을 개발해 도입하고 있다.

3D 프린터로 제조하는 자동차 '로컬 모터스(Local Motors)'

3D 프린팅을 이용해 자동차를 제조하는 미국 로컬 모터스(Local Motors)는 자동차 개발 시간을 혁신적으로 단축했다. 세계 최초 오픈소싱 기반 자동차 제조 기업을 표방하는 로컬 모터스는 온라인 커뮤니티를 통해 차량 디자인을 공모한 후, 3D 프린팅 방식으로 차량을 제조한다. 차량 판매도 오프라인 매장이 아닌 온라인으로 판매해 가격을 낮췄다.

회사는 최초 모델인 '랠리 파이터'를 개발하는 데 18개월이 소요됐는데, 이는 자동차 개발에 7~10년이 걸리는 기존 업체들에 비해 4배 이상 빠르다. 로컬 모터스는 최근 IBM과 합작해 3D 프린터로 만든 12인승 버스 올리(Olli)를 개발했다. 올리의 자율주행 기능은 차량 외부에 탑재된 30개의 센서에서 수집된 실시간 데이터를 기반으로 작동한다. 여기에 단어나 문장이 아닌 실제 사람들이 사용하는 자연어 형식을 인식할 수 있는 IBM 인공지능 기술 왓슨(Watson)을 통해 음성으로 조작이 가능하다. 완전 자율주행차로 운전석이나 스티어링 휠도 없다.

차량 제조에 소비자들의 아이디어를 적극적으로 반영하는 것도 로컬모터스의 특징이다. 회사는 홈페이지를 통해 혁신적인 차량 설계, 엔지니어링에 관해 일반 소비자가 의견을 직접 작성할 수 있도록 하고 있다. 소비자들은 다른 소비자와 자신의 아이디어, 프로젝트를 논의하고 로컬모터스는 이 아이디어를 회사 운영, 차량 개발에 반영하고 있다.

예를 들면, 특정 회원이 로컬모터스 홈페이지를 통해 자신의 디자인을 발표하면, 다른 회원들은 디자인을 평가하게 된다. 로컬모터스는 회원들의 의견을 반영해 디자인을 선택하며, 이 같은 사용자 참여방식을 사용해 고객의 참여를 넓히고, 충성도를 높이고 있다.

자동차 산업 내
게임의 법칙 변화

앞으로 자율주행차량이 등장하면 이동시간 내 차량에서 컨텐츠를 소비하는 방식이 바뀌기 때문에 차량 내에서 음악, 영화, TV서비스를 제공하는 컨텐츠 업체 영향력이 강해질 것으로 예상된다.

구글과 애플은 차량용 플랫폼(안드로이드 오토, 애플 카플레이)으로 스마트폰과 차량을 연결해 길 안내, 컨텐츠 재생, 전화 통화 등 기능을 구현했다.

여기에 공유경제 확산에 따라 우버, 리프트 등 카셰어링 업체도 미래 자동차 시장을 겨냥한 행보를 보이고 있다. 우버가 자체적으로 자율주행차량을 개발하는 것도 자동차 부문의 성격이 바뀌는 것을 의미한다. 자동차가 소유에서 사용 개념으로 바뀌고, 사고가 발생해도 안전한 자동차에서 나아가 아예 사고를 원천 차단하고, 운전 노동이 필요 없는 자율주행 기능이 이동수단을 선택하는 핵심 요소로 작용한다.

사업영역이 확장된 결제서비스 시장

오프라인 결제에서 간편 결제로
구도 변화

_____ 과거 대부분의 결제서비스는 오프라인 매장에서 발생했으며, 결제를 위한 전용 단말기, 통신 회선 투자를 기반으로 가맹점을 얼마나 확보할 수 있는지가 중요했다. 결제서비스 업체들이 확보한 결제 단말기는 신규업체 진출을 막는 진입장벽으로 작용했다.

하지만 스마트폰 보급 확대에 따라 전용 단말기 없이 스마트폰으로 결제할 수 있는 간편 결제서비스가 등장하면서 구도가 바뀌고 있다.

주니퍼리서치(Juniper Research)에 따르면 온라인, 모바일 또는 비접촉 결제의 연간 거래금액을 2016년 3조 6,000억 달러로 산정하고 있다.

트렌드포스(TrendForce)도 향후 모바일 결제 시장이 2015년 4500억 달러에서 2019년 1조 800억 달러로 성장할 것으로 예측하는 등 앞으로 결제서비스는 오프라인과 온라인 구분이 사라질 것으로 전망된다.

글로벌 결제시장 내에서 전자결제는 31%(2016년 기준)를 차지하며 이미 신용카드(25%), 직불카드(17%), 계좌이체(10%)를 앞질렀다.

통신사, IT기업 등
이종사업자들의 영역 침범

_____ 결제서비스 시장이 오프라인 소매점에서 온라인, 모바일 중심으로 전환되며, 금융업이 아닌 다양한 분야의 기업들이 진출하고 있다.

현재 전자상거래에 이용되는 결제방법은 300여 가지가 넘으며 은행, 카드사, 통신사, 전자지급결제대행(PG)사, 전자상거래 기업, 플랫폼 기업, 모바일업체 등 다양한 기업이 시장에 참여하고 있다.

전자결제 시장에는 애플, 삼성 등 스마트폰 제조사, 알리바바, 아마존 등 전자상거래 기업, 에어텔, 오렌지 등 통신사, 월마트, 스타벅스 등 유통사, 그외 모바일 결제 관련 스타트업이 경쟁을 벌이고 있다.

세계적으로는 중국 알리바바가 알리익스프레스, 타오바오 등 글로벌 오픈마켓을 기반으로 '알리페이'를, 또 다른 중국 인터넷 기업 텐센트가 메신저 서비스 '위챗'을 기반으로 한 위챗페이로 신용카드 중심의 결제서비스를 바꾸고 있다. 알리페이와 위챗페이는 온라인 결제뿐 아니라 모바일 앱을 활용해 교통요금, 공공요금까지 영역을 확대하고 있다.

국내도 네이버페이, 삼성페이, 카카오페이 등 간편 결제업체들이 경쟁을 벌이는 가운데 소상공인페이, 제로페이, 서울페이 등 공익성에 초점을 맞춘 결제시스템까지 등장했다.

간편 결제시장은 이제 초기 단계지만, 선두업체들은 기존 금융권 업체가 아닌 IT 기반 업체들이다. 이렇게 비금융권 사업자들이 결제서비스 시장에 진입하면서, 기존 오프라인 기반 사업자들은 이종사업자와 경쟁을 펼쳐야 하는 상황에 직면했다.

다이슨은 전기자동차 핵심 기술을 개발해 자동차 시장에 진출할 예정이다. 10년 전만 해도 다이슨이 메르세데스벤츠와 미래의 경쟁자가 될 것이라고 예상한 사람은 없었다.

청소기 업체가 전기자동차 핵심인 배터리를 자체 개발해 자동차업체 영역을 침범하고, 이동통신사가 온라인 결제시장에 침범하는 등 이종사업자가 자신의 영역을 침범하는 일은 더 이상 놀랄 일이 아니다.

하지만 입장을 바꿔보면, 상대 업체에서는 영역을 침범하는 것이 아니라 새로운 사업으로 진출하는 것이다.

수퍼플루이드는 전통적인 사업의 밸류체인을 분해하기 때문에 새로운 가치를 구축하려는 기업들이 뛰어드는 것은 어쩌면 당연한 일이다. 기업들은 경쟁자들의 위협에 불안해할 필요는 없다.

기업들은 새로운 경쟁자에 대응하는 수준에서 그치지 말고 발상을 전환해 새로운 시장에 과감하게 진출해야 한다.

3

수퍼플루이드 시대, 패스트팔로어(Fast Follower) 몫은 없다

기업이 새로운 분야에 진출하는 것은 그만큼 위험을 감수
해야 하는 것을 의미한다. 대부분의 기업들은 현재 사업
에 최적화된 자본과 인력을 가지고 있기 때문에 새로운 사
업진출은 기존 사업부문에도 영향을 미친다. 이 때문에
많은 기업들이 선두기업이 새로운 부문의 시장성을 확인
하면 후발주자로 진출해 안정적인 수익을 취하는 패스트
팔로어(Fast Follower) 전략을 펼쳤다. 하지만 선두업
체가 플랫폼을 기반으로 시장을 선점하는 수퍼플루이드
시대에는 패스트팔로어 전략은 더 이상 통하지 않는다.
늦게 시작하면 그만큼 몫이 줄어드는 것이 아니라 전부를
포기해야 한다.

먼저 움직인 회사가 전부를 얻는다

기존의 점성시장에서는 1위 기업의 성공사례를 보고 추격하는, 이른바 패스트팔로어 전략이 유용했다. 선두기업은 시장이 형성되지 않은 상태에서 진출해, 시행착오를 감수해야 했다. 이 때문에 패스트팔로어 전략은 시행착오를 피해 안정적으로 시장에 입성할 수 있는 좋은 전략으로 평가됐다.

하지만 수퍼플루이드 시대에서는 최초 시장 진입자가 플랫폼을 통해 단기간에 시장 전체를 장악한다. 에어비앤비, 우버, 카카오톡처럼 선두업체가 시장을 독점하는 특징을 보여준다. 수퍼플루이드 시장에서 늦은 출발은 선두업체와의 더 큰 격차를 의미한다. 경쟁에서 살아남아도 수익은 현저하게 낮다.

따라서 수퍼플루이드 시대에서 시장 선두기업을 모방하는 패스트팔로어 전략은 실패가능성이 높다. 오히려 아직 미성숙 시장, 선두업체가 없는 시장에 디지털 기술을 활용해 빠르게 플랫폼을 구축하는 것이 효과적인 전략이다.

1등이 모두 갖는
스마트폰 시장

2007년 6월 애플은 자사 음악 플레이어인 아이팟(iPod)을 개선한 '아이폰'을 출시하며 노키아, 모토롤라, 삼성전자, LG전자 등이 장악하고 있던 휴대폰 시장에 지각변동을 일으켰다.

아이폰이 출시될 때만 해도 휴대폰 업체들은 피처폰을 중심으로 경쟁을 해왔다. 아이폰 출시 이후 휴대전화 시장은 스마트폰 중심으로 빠르게 재편됐다.

이후 휴대폰 제조사들은 아이폰을 벤치마킹해 유사한 기능을 가진 스마트폰을 출시했으며, 삼성전자를 비롯해 화웨이, 샤오

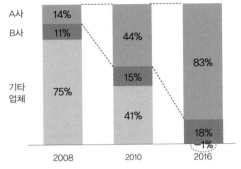

A사
B사

14%
11%

44%

83%

15%

기타
업체

75%

41%

18%
−1%

2008   2010   2016

*2012년 이후 기타 업체는 지속 적자 기록

소수 상위 업체가 영업이익 전체 독식

미 등 중국 회사들도 스마트폰을 내놨다. 애플이 휴대폰 시장을 스마트폰 중심으로 바꾸자 다른 업체들은 아이폰과 경쟁하는 스마트폰을 출시한 것이다.

스마트폰 경쟁업체의 맹공에도 불구하고, 애플은 세계 스마트폰 시장에서 점유율이 하락했지만, 프리미엄 폰 전략에 힘입어 스마트폰 시장 영업이익의 약 80%를 유지하고 있다. 애플은 2016년 전체 스마트폰 시장에서 영업이익 83%를 차지했다.

반면 패스트팔로어인 삼성전자의 이익률은 18%, 다른 스마트폰 업체들은 적자를 기록했다.

애플이 높은 영업이익률을 유지하는 것은 여러 가지 이유가 있지만, 스마트폰 시장에 선구자로 먼저 진입해 프리미엄 시장을 선점했기 때문이다. 여기에 애플은 아이튠스와 앱스토어라는 플랫폼을 기반으로 가입자를 끌어들였다.

삼성전자나 LG전자, 샤오미 등 안드로이드 OS 기반 스마트폰 사용자는 새로운 스마트폰을 구입할 때, 다른 회사 제품으로 손쉽게 이동할 수 있지만, 아이폰 사용자들은 아이튠스와 앱스토어에서 구입한 컨텐츠를 포기해야 하기 때문에 반복 구매를 할 수밖에 없다.

우버가 장악한 미국 카셰어링 시장

플랫폼 시장의 선점효과는 카셰어링 시장에서도 나타난다. 우버는 2010년 샌프란시스코에서 세계 최초로 카셰어링 서비스 '우버 블랙(Uber Black)'을 시작해 70%의 점유율을 유지하고 있다. 패스트팔로어인 리프트(Lyft)는 2012년 같은 사업 모델을 가지고 시장에 진출했지만, 우버가 확보한 플랫폼의 영향력을 뛰어넘지 못하고 있다.

2016년 미국 카셰어링 시장 점유율을 보면 우버가 75%, 리프트가 10%, 올라캡스(OlaCabs)가 10%, 나머지 업체들이 4%

를 점유했다. 리프트는 우버를 추격하기 위해 공격적인 할인 전략을 펼쳤지만, 2017년 점유율도 우버 65%, 리프트 18%, 올라캡스 10%, 나머지 업체들이 7%를 차지했다. 리프트의 점유율이 오르긴 했지만, 카셰어링 시장 전체가 확대된 것을 감안하면 우버의 영향력은 변동이 없다.

1일 이용객 순(2017년 7월 기준)으로 구분하면 우버 이용객은 월 27만 명으로 리프트 7만 8,000명 대비 약 3.5배 높은 것으로 나타났다.

카셰어링 시장에서 우버의 압도적인 시장 점유율은 네트워크 선점효과에 따른 승자 독식 현상으로 볼 수 있다.

카셰어링 시장에 먼저 뛰어든 우버는 더 많은 드라이버와 가입자를 확보하게 되고, 이는 우버 사용자들이 리프트 사용자에 비해 차량 대기 시간이 적다는 것을 의미한다. 드라이버 입장에서도 우버 드라이버로 활동했을 때 더 많은 고객을 확보할 수 있다. 결국 우버와 리프트를 모두 사용해본 고객들의 경험은 대기 시간이 짧은 우버쪽이 좋을 수밖에 없으며, 이런 고객 만족도의 차이는 우버에 더 많은 참여자가 몰리게 만드는 선순환 구조를 형성한다.

라인(LINE)이 선점한 일본 모바일 메신저 시장

모바일 메신저 라인(LINE)은 국내 시장을 독점하고 있던 카카오톡과 경쟁을 피해 국내 시장이 아닌 일본을 먼저 공략하는 방식을 사용했다.

우리나라 모바일 메신저 시장은 2010년 3월 출시된 모바일 메신저 카카오톡이 애플 아이폰 출시(2009년 11월)와 맞물려 출시 6개월 만에 100만 명, 2년 3개월(2012년 6월) 만에 5,000만 건 다운로드를 기록했다.

라인(LINE)은 2011년 6월 일본에서 출시된 후 6개월 만에 1,000만 명 가입자를 모았으며, 2012년 7월에는 5,000만 명,

2013년 1월에는 가입자 1억 명을 돌파했다.

라인은 2017년 기준 일본 내 모바일 메신저 시장의 90% 이상의 시장 점유율을 기록하고 있으며 경쟁 서비스인 페이스북 메신저, 카카오톡, 위챗을 누르고 일본 모바일 메신저 시장 92.8%(시장조사사업체 e마케터eMarketer 조사 결과)를 점유하고 있다.

카카오톡은 우리나라 시장을 선점했지만, 일본 시장에는 라인보다 늦게 진출했다. 페이스북과 텐센트 위챗도 일본 시장을 노리고 출시했지만, 라인이 구축한 플랫폼을 넘어서지 못하고 있다. 늦은 출발로 벌어진 간격은 인터페이스와 기능적인 차별화로 극복하기에 너무 컸다. 카카오톡과 페이스북, 위챗은 특정 국가, 지역에서 독점적인 위치를 선점했지만, 반대로 경쟁자가 선점한 시장에서는 경쟁력이 떨어졌다.

모바일 메신저는 독립적으로 이용하는 서비스가 아니라 가족 및 지인과 함께 이용하는 특성으로 인해 일본 스마트폰 사용자의 대다수가 사용중인 상황에서 일본 사용자들이 라인 이외에 서비스를 사용하지 않는 성향을 보이고 있다.

모바일 메신저 부문에서도 패스트팔로어들에게 남겨진 것은 없다.

컨텐츠 업계 신흥강자 '넷플릭스'

글로벌 컨텐츠사업자 넷플릭스(Netflix)는 인터넷 동영상 서비스(OTT-Over The Top) 부문의 1위 사업자다. OTT는 진입장벽이 낮고, 경쟁 구도가 넓게 형성돼 있기 때문에 다른 플랫폼 서비스에 비해 구조적으로 다른 사업자로 쉽게 옮길 수 있는 것이 특징이다. 온라인으로 서비스를 제공받기 때문에 바로 서비스를 신청해서 사용할 수 있지만, 반대로 온라인으로 간단히 해지할 수 있다. 케이블TV나 위성TV처럼 약정을 하지 않기 때문에 서비스 업체 간 가입자 유치 경쟁도 치열하다.

시장조사업체 스트래티지애널리틱스(Strategy Analytics)에 따르면, 2017년 전 세계 OTT(주문형 비디오 포함) 시장 매출 규모는 503억 달러(약 57조 원)에 달하며, 향후 지속적인 성장이 예상된다.

넷플릭스는 전 세계 190개국에 OTT 서비스를 하고 있으며, 2018년 1분기 기준 가입자 1억 2500만 명을 확보하고 있다. 시장조사업체 e마케터에 따르면, 전 세계 OTT 서비스 중 넷플릭스가 확보한 가입자는 44%에 달한다. 다른 부문에서 1위 사업자에 비해 점유율은 낮지만, 한 사람이 여러 개의 서비스를 사용하는 OTT 부문 특수성을 감안하면, 실제 영향력은 독점 사업자에 가깝다.

인터넷 동영상 서비스는 넷플릭스 이외에도 기존 케이블TV 업체, 방송사, 포털 등 다양한 업체들이 경쟁을 벌여왔다. 넷플릭스는 월 정액제로 무제한 컨텐츠를 제공한다는 점, 특정 기기나 인프라에 종속되지 않고 제공한다는 점, 독점 컨텐츠로 OTT 서비스의 진입장벽을 만들었다는 점에서 경쟁업체와 차별화했다.

기존 동영상 서비스에 있던 제약을 없애고, 사용자 중심으로 서비스를 제공하면서 가입자를 늘렸다. 누구든 회원으로 가입하면 한 달간 무료로 컨텐츠를 제공한다는 점도 신규 가입자를 확보하는 데 기여했다.

OTT 부문에서 많은 가입자를 확보하고 있는 것은 향후 컨텐츠를 제작하는 데 장점으로 작용한다. 가입자들을 특정해 어떤 프로그램을 어떤 방식으로 소비하는지 분석해, 컨텐츠를 제작할 때 활용할 수 있다. 넷플릭스는 빅데이터 분석을 통해 회원들의 취향을 파악하고, 취합된 정보를 컨텐츠 제작에 반영한다. 이 같은 전략은 새로운 컨텐츠 기획에 도움을 주고, 컨텐츠 제작 시 실패 가능성을 낮춘다.

넷플릭스는 다른 OTT 서비스 차별화를 위해 새로운 기술을 적극적으로 적용하고 있다. 일반적인 인터넷 동영상 서비스 경우 대역폭 제한으로 화질과 음질이 낮은 경우가 많았다. 하지만 넷플릭스는 더 나은 화질과 음질을 위해 4K영상, 돌비애트모스, 돌비 비전 등 새로운 기술을 도입했다.

넷플릭스는 소프트웨어뿐 아니라 하드웨어적인 부분에서도 새로운 시도를 하고 있다. 셋톱박스 업체, TV업체와 협력해 리모컨에 넷플릭스 버튼을 기본 탑재해 소비자들이 자사 서비스에 더 쉽게 접근할 수 있도록 추진 중이다.

빠른 신제품 출시로 경쟁자 진출을 차단한 드론 업체 'DJI'

DJI는 중국 선전에 본사를 둔 세계 1위 드론제조 업체다. 6,000명 이상 직원이 미국, 독일, 네덜란드, 일본, 중국, 홍콩, 한국 등에서 근무하고 있으며, 2017년 매출액은 27억 달러(약 3조 원)에 달한다.

시장조사업체 비즈니스인텔리전스에 따르면 세계 드론 시장은 2018년 1,300만 대로, 이 중 DJI가 70% 이상을 차지하고 있다.

2006년 창업한 DJI는 공격적인 투자로 드론 시장에 진입했다. 경쟁사들이 장난감용 소형 드론, 기상관측, 군사용 등 B2B용 드론에 집중하는 시장에, 영상을 전문적으로 촬영하는 보급형 드론을 출시해 틈새시장을 확보했다.

기존 드론 제조사들이 제조에 필요한 주요 기술을 아웃소싱 하는 방식에서 탈피해, 카메라 짐벌, 비행 제어 시스템, 전원관리 등 핵심 기술을 자체 개발해 경쟁력을 확보했다. 특히, 드론에서 가장 중요한 기체를 안정적으로 비행하게 하는 '비행 컨트롤러(Flight Controller)'를 자체 개발하고, 지속적인 성능 개선을 통해 경쟁사에 비해 안정성을 높였다. 하드웨어와 별도로 소프트웨어도 자체 개발해 자사 드론 사용자들에게 전용 애플리케이션 'DJI GO'를 제공했다. DJI는 앱을 통해 수집한 드론 비행 정보를 분석해 후속 모델에 반영했다.

DJI는 드론을 이용한 촬영 수요가 높다는 점에 착안해 1년마다 카메라와 주요 기능을 개선한 신제품을 출시했다. 회사는 빠른 생산 주기를 반복해 신규업체가 출시하는 드론보다 고성능 제품을 먼저 시장에 출시하는 전략을 쓰고 있다. 이에 드론 부문 선두업체 DJI를 추격했던 미국 드론 업체 3D로보틱스, 드론 부문에 신규 진출한 고프로(GoPro) 등은 DJI 신제품에 밀려 사업을 접어야 했다.

DJI는 드론 부문 시장 점유율 1위를 바탕으로 최근 농업용과 수색 · 구조용, 물류 등 다양한 상업용 드론으로 사업을 확대하고 있다.

수퍼플루이드에서는 승자독식 현상이 두드러지게 나타난다. 플랫폼을 통해 구성된 생태계는 네트워크 효과를 통해 더 많은 수요를 끌어들인다. 수요자들은 자연스럽게 특정 서비스에 집중돼 플랫폼을 차지한 업체는 지속적으로 막대한 수익을 끌어 모을 수 있는 반면, 이외 업체들은 사업을 운영하기도 어려운 상황을 맞게 된다.

거대화된 생태계는 더 저렴하고 안전한 서비스를 제공할 수 있는 규모의 경제를 확보해 후발주자들은 더 많은 자원을 투자해도 선두업체를 추격하기 어렵게 된다. 이런 문제를 피하기 위해서는 먼저 움직여야 한다. 1등만 기억되는 것이 아니라 1등만이 살아남는 시장이다.

4

신 코닥모멘트 :
오늘의 신사업이
내일의 전통 산업

전통 기업들은 인터넷 기반 기업들에게 자신들이 수십 년 간 쌓아온 시장을 무기력하게 내줬다. 수퍼플루이드 시대는 전통시장이 유체시장으로 변화한 것처럼, 다시 한 번 극적인 산업환경 변화가 발생한다. 오늘의 신사업이 내일의 전통 산업이 된다. 전통 기업이 몰락한 것처럼, 유체시장에 적응한 기업들도 새로운 환경에 대응하지 못하면 도태된다. 코닥은 필름 카메라 업계의 강자였지만, 디지털 카메라 등장을 간과해 파산했다. 새로운 기업들이 디지털 시장에 안착했지만 시장 변화는 지속된다. 관성을 버리고 지속적으로 변하지 않으면 도태된다.

필름 카메라에 집중하다 몰락한 코닥

'셔터만 누르세요. 나머지는 우리가 맡겠습니다.' 1982년 설립된 코닥은 현대식 필름 형태를 만들어내고, 1883년 감광필름을 양산해 카메라 산업화를 이끌었다.

코닥은 전문가 영역이었던 사진 시장을 일반 대중까지 확장시킨 혁신 기업이었다. 사진과 필름 카메라 대중화는 코닥을 세계적인 기업으로 성장시켰다. 1990년대 코닥은 전 세계 5대 브랜드에 들만큼 성공적인 기업이었다. 사진으로 남기고 싶은 소중한 시간을 '코닥모멘트(Kodak Moment)'라고 표현할 정도로 코닥은 필름 카메라의 대명사로 인식됐다.

그러나 코닥은 디지털 카메라로 전환되는 시대 흐름에 대응하지 못하고 1990년대 초까지 수익이 높은 필름 및 필름 카메라 사업에 집중했다.

코닥이 카메라 시장이 디지털로 전환되는 것을 놓친 것은 아니다. 코닥은 사진 시장이 디지털로 바뀌어 파산했지만, 1975년 세계 최초로 디지털 카메라를 개발한 업체다.

코닥은 디지털 카메라를 개발했지만, 필름 카메라와 달리 지속적으로 수익이 발생하지 않는 특성을 우려해 디지털 카메라 기술을 사장시켰다.

1981년 소니가 '마비카(Mavica)'를 출시하며 디지털 카메라 시장에 뛰어드는 등 디지털 카메라 부문이 주목받자, 코닥은 다시 디지털 카메라 사업에 대한 조사를 진행한다. 하지만 코닥은 여전히 디지털 카메라 시장이 시기상조라고 판단하고 사업을 추진하지 않는다. 1990년 이후 많은 업체들이 디지털 카메라 시장에 뛰어들며 상황이 바뀌자 코닥도 1994년 디지털 카메라를 출시하고 관련 부문을 강화한다.

하지만 이미 디지털 카메라에 지속적으로 투자해온 캐논, 니콘 등 업체와 기술적 격차가 벌어진 코닥은 새로운 경쟁에서 뒤

처졌다. 디지털 카메라를 세계 최초로 개발했지만, 미래에 대한 판단 착오가 후발주자에게 시장을 내주는 결과를 만든 것이다.

코닥은 뒤늦게 디지털 카메라 부문을 중단하고, 자사가 강점을 가지고 있는 인화, 영화 부문 등을 기반으로 디지털 이미징 전문기업으로 변신을 시도하지만, 적응하지 못하고 2012년 1월 정부에 파산보호를 신청한다.

코닥은 아날로그에서 디지털로 변하는 사진 시장을 알고 있었다. 세계 최초로 디지털 카메라를 개발하고, 1993년 체질 개선을 위해 모토로라 출신 조지 피셔(George M. C. Fisher)를 CEO로 영입했다. 2001년 사진 공유사이트 '오포토(Ofoto)'를 인수하고, 2005년 무선랜 탑재 카메라를 출시하는 등 변신의 기회가 있었지만, 당시 큰 수익을 가져다준 필름 부문을 포기하지 않고 디지털 카메라 부문에 소극적으로 대응했다.

'코닥모멘트(Kodak Moment)'는 사진 산업을 지배한 코닥을 대표하는 용어였지만, 외부 환경 변화에 적응하지 못하는 사업 전략 수립 실패로 인해 기업이 붕괴하는 의미로 바뀌었다.

사진 산업이 아날로그에서 디지털로 바뀌면서, 아날로그 기반 사진 업체들은 도태됐다. 하지만 사진 부문 전환은 끝나지 않고 여전히 진행되고 있다. 클라우드와 사물인터넷은 디지털 카메라의 영역을 단순한 이미지 촬영에서 보안, 감시, 추적, 분석 등으로 확장하고 있다.

수퍼플루이드 시대는 전통 산업과 디지털 기술이 융합하며 급속한 시장 환경 변화를 만들고 있다. 이렇게 예측불가능한 외부 위협에 의해 전통 산업이 2차로 붕괴되는 '신 코닥모멘트'가 오고 있다.

코닥모멘트를 겪은 기업들조차도 수퍼플루이드가 가져올 새로운 변화에 대하여 간과하고 있다. 문제는 수퍼플루이드의 변화는 이전 세대가 겪은 변화보다 훨씬 파괴적이라는 점이다.

기업들은 시장을 위협하는 새로운 디지털 기술이 등장하는 것을 알면서도 대책 마련에는 소극적이다. 특히, 시장 선두기업은 변화에 대한 위기를 저평가하는 경향이 높기 때문에 변화의 속도에 맞춰서 대응 속도도 개선해야 한다.

아날로그에서 디지털로의 전환은 수많은 전통 기업의 몰락을 가져왔다. 마찬가지로 수퍼플루이드는 극소수의 기업에게 혁신을 가져다주겠지만, 현재 시장의 주도권을 가지고 있는 기업들에게 위협으로 작용할 것이다.

안경업계의 넷플릭스 '와비파커 (WarbyParker)'

레이밴(Ray-Ban), 오클리(Oakley), 알랭미끌리(Alain Mikli) 등 30여 개 안경 브랜드를 가지고 있는 이탈리아 안경업체 룩소티카(Luxottica)는 세계 안경시장 80% 이상을 독점하고 있는 업체다.

1961년 설립된 룩소티카는 공격적인 인수합병을 통해 주요 안경 브랜드를 확보한다. 샤넬, 코치, 프라다와 같은 안경 브랜드도 룩소티카 산하에 있다. 룩소티카는 미국에서도 시장점유율 80% 이상을 차지하고 있으며, 렌즈크래프터와 펄비전, 선글래

스헛 등 안경전문 매장을 가지고 있다.

룩소티카가 독점하고 있는 안경시장에 대항하고 있는 업체는 2010년 설립된 미국 기업 '와비파커'다. 미국 펜실베이니아대학 와튼스쿨 동창생 네 명이 2010년 창업한 안경업체인 와비파커는 써보고 구매해야 하는 안경의 특성상 온라인 판매가 어렵다는 통념을 깨고 성공했다.

와비파커는 온라인 판매로 유통단계를 줄여 안경 가격을 기존 5분의 1 수준인 95달러로 낮췄다. 회사는 가격 거품을 빼기 위해 디자인부터 제조, 판매까지 모든 과정을 단순화했다. 안경테를 직접 디자인해 라이선스 비용을 줄이고, 제조업체에서 안경을 직접 공급받아 중간 상인을 거치지 않고 온라인으로 판매했다.

와비파커는 온라인 판매 한계를 넘기 위해 소비자가 여러 개의 안경테를 써보고 구입할 수 있는 '홈 트라이 온(Home Try on)' 방식을 도입했다. 홈 트라이 온은 소비자가 와비파커 홈페이지에서 마음에 드는 안경을 선택해 최대 5개까지 택배로 배송받는다. 소비자는 3~5일 동안 안경을 써보고 마음에 드는 안경을 선택한 뒤 반송하고, 렌즈 관련 정보를 홈페이지에 입력하면, 2주 뒤 맞춤 제작된 안경을 택배로 받을 수 있다. 이때 소요되는 택배 비용은 와비파커에서 부담한다. 이와 함께 와비파커는 안경을 하나 판매할 때마다 개발도상국에 안경을 기부하는 캠페인(Buy a pair, give a pair)도 운영해 기존 안경업체들과의 차별화를 추구했다.

와비파커는 지난 100년간 변화가 없던 안경시장을 변화시킨 혁신기업으로 인정돼, 미국 월간지 〈패스트컴퍼니〉로부터 가장 혁신적인 기업 50에 선정됐다. GQ는 와비파커를 '안경업계 넷플릭스'로 비유하며 독점을 깨뜨린 혁신기업으로 꼽았다. 와비파커는 창립 첫해인 2010년 2만 개, 이듬해 10만 개, 2013년 25만 개에 이어, 2015년 100만 개 이상 안경을 판매하고, 매출액도 1억 달러를 돌파했다. 룩소티카의 2017년 매출은 91억 5,700만 유로(약 12조 원), 와비파커의 추정 매출액은 4,000억 원대로 규모는 크지 않지만 성장률은 높다. 2013년부터 2017년까지 와비파커의 연평균 성장률은 83.9%인데 반해 룩소티카는 연평균 5.8%였다.

03

장난감 온라인 판매로
토이저러스를 파산으로
몰고 간 **아마존**

　장난감 전문업체 토이저러스는 신 코닥모멘트의 대표 사례
로 꼽힌다. 토이저러스는 1948년 최초 장난감 전문매장을 개점
하며 70년간 세계 최대 장난감 유통업체로 성장했다. 하지만 온
라인 시장에 적절히 대응하지 못하고 오프라인 매장에 집중해
2017년 9월 미국 정부에 파산보호를 신청하기에 이르렀다. 그
러나 회생에 실패해 2018년 3월 사업을 청산한다.

　토이저러스는 미국에 700여 개의 매장을 보유한 대형 기업으
로, 세계 37개국에 매장을 확보하고 있었다. 회사는 2000년대

초 장난감 구매 추세가 온라인으로 바뀌었음에도 불구하고 오프라인 중심 유통전략을 고수했다. 토이저러스는 1990년대 초 독자적인 온라인 쇼핑몰을 운영해 성공을 거뒀으나, 당시 급부상하던 아마존과 10년간 온라인 판매 독점계약을 맺으며 자체 온라인 쇼핑몰 운영을 중단하는 실수를 했다.

아마존은 토이저러스 이외의 장난감 업체들도 입점시키면서 두 업체는 소송을 진행했고, 토이저러스는 아마존으로부터 5,700만 달러를 보상받고 계약을 파기했다. 2006년 토이저러스는 경영진을 교체하고 자체 온라인 쇼핑몰을 정비하는 등 사업을 재편했지만, 경쟁업체들에 비해 복잡한 결제시스템, 투자금 부족 등을 이유로 고객을 확보하지 못했다.

현재 미국의 장난감 시장 온라인 판매는 아마존이 장악하고 있다. 미국뿐 아니라 세계 장난감 시장을 주도했던 토이저러스는 시장의 변화에 소극적으로 대처하고, 온라인 쇼핑몰을 아마존에게 맡기는 판단 착오를 했다. 토이저러스는 소비 패턴 변화, 디지털 기술 변화 등에 유연한 대응을 하지 못하면 1위 기업 또한 파산할 수 있다는 것을 보여주는 사례다.

바뀐 게임의 법칙을 놓친
아이리버

1999년 설립된 휴대용 디지털 뮤직 플레이어 업체 아이리버(구 레인콤)는 디지털 음원시장 확대와 함께 급성장했다.

레인콤은 자본금 3억 원, 직원 7명으로 시작한 스타트업이었지만, 1994년 세계 최초로 멀티 코덱이 가능한 콤팩트디스크(CD) 플레이어를 만들고, 2002년에는 MP3 파일과 일반 CD를 동시에 재생하는 MP3 플레이어, 반도체 메모리를 사용하는 소형 MP3 플레이어도 출시했다.

아이리버는 2003년 12월 코스닥 시장에 상장해 한 달 만에 주가가 3배 이상 뛰는 등 승승장구했다. 하지만 2003년 애플이 '아이튠즈' 뮤직 스토어 서비스를 시작하면서 분위기가 바뀌었다.

음악시장이 아날로그에서 디지털로 바뀌면서, MP3플레이어 시장도 하드웨어 중심에서 음원 서비스로 게임의 법칙이 바뀐 것이다. 애플은 단순한 하드웨어 제조사에 머무르지 않고, 음반시장이 디지털 음원시장으로 바뀌는 상황에 맞게 음원 서비스를 제공했다. 디지털 음원을 구입하고, 관리할 수 있는 아이튠스를 통해 음악을 즐기는 방법과 경험을 바꿨다. 하지만 아이리버는 소프트웨어 부문은 부가 기능으로 대응하고, 하드웨어 기능을 개선한 MP3플레이어의 출시에 집중했다.

아이리버는 전자사전, 전자책 단말기 등으로 사업을 다각화했지만, 결국 2007년 사모펀드에 경영권을 넘겼고, 이후 2014년 SK텔레콤에 매각된다.

아이리버는 시장의 변화는 잘 읽었지만 핵심 가치에 집중하지 못해 경쟁에서 밀려난 사례로 꼽힌다.

수퍼플루이드 시대는 이종사업자 간 무제한 경쟁, 플랫폼 기업의 전방위적 사업 독식, 새로운 시장 진출 위험을 줄이기 위해 좋은 전략으로 꼽혔던 패스트팔로어 모델이 사라지는 일이 발생한다. 또한 인터넷 등장으로 전통 기업들이 전사적인 체질변화에 성공 기업이나 스타트업에게 밀려나 2차 붕괴를 겪게 되는 신 코닥모멘트가 발생한다.

자동차, 금융, 유통산업 등에 만들어졌던 밸류체인은 붕괴되고, 소비자에게 더 편하고, 저렴한 가격에 서비스를 제공할 수 있는 기업만 살아남는 혹독한 환경이 만들어진다. 기업들에게 외부환경 변화는 언제나 있는 일처럼 여겨지겠지만, 수퍼플루이드는 대비를 잘하는 기업에게는 더 많은 성장 기회를 안겨주고, 주저하는 기업에게는 도태될 수밖에 없는 선택의 기점이 된다.

수퍼플루이드는 디지털 혁신을 최대한 끌어 모아 효율을 극대화하는 시장이다. 디지털이 '0'과 '1'의 두 개로만 구성된 것처럼 기업들에게도 기회 또는 도태, 두 가지 선택만 남게 된다.

아이리버 이외에도 새로운 환경에 적응하지 못해 역사의 뒤로 사라진 기업 사례는 쉽게 찾아볼 수 있다.

2003년 설립된 마이스페이스(Myspace)는 소셜네트워크서비스(SNS)의 선두업체로 2006년 1억 계정을 돌파하며 혁신적인 IT서비스 기업으로 인정받았다. 2004년 설립된 페이스북은 마이스페이스를 추격하는 SNS 서비스로 당시 마이스페이스에 비하면 페이스북은 너무 작은 업체였다.

대학생을 중심으로 성인들을 대상으로 회원을 확대한 페이스북과 달리 마이스페이스는 10대 저연령층을 중심 고객으로 설정했다. 초기 핵심 고객들은 성장해 성인이 됐지만, 마이스페이스는 여전히 10대를 중심으로 운영됐다. 여기에 스팸과 가짜 계정에 대한 늦장 대응 등 관리를 제대로 못한 점, PC에서 스마트폰으로 SNS 이용 환경이 이동하는 것을 놓친 점 등이 실패 요인으로 꼽힌다.

변화에 대응하지 못하면 도태되는 것은 글로벌 기업도 마찬가지다. 마이크로소프트는 PC 시장 자체를 만든 기업이지만 모바일 부문에 적절한 대응을 하지 못해, 결국 스마트폰 부문에서 철수했다. 아직까지 PC 운영체제 시장에서 마이크로소프트의 점유율은 90%에 달하지만, 모바일 운영체제 시장에서는 1% 미만이다. 스마트폰 영향력은 마이크로소프트의 다른 사업에도 영향을 미친다. 2010년 PC 웹브라우저 시장에서 마이크로소프트 익스플로러는 점유율 90%를 차지하며 독점 논란에 휘말릴 정도였다. 하지만 스마트폰 인터넷 사용 비중이 증가하면서 웹브라우저 점유율이 10%로 하락했다. 마이크로소프트는 2013년 스마트폰 부문 강화를 위해 세계적인 모바일폰 제조업체 노키아를 79억 달러에 인수해 모바일 분야에서의 성공을 도모했지만, 이것도 실패한 인수로 평가된다. 시장 변화에 따른 잘못된 선택과 집중이 낳은 결과다.

PART
3

수퍼플루이드가
변화시킨
미래 소비자의 모습

기업들이 새로운 기술을 활용해 공급 효율을 높이는 것에
맞춰 소비자들도 인공지능과 머신러닝의 도움을 받아 더 나은
제품과 서비스를 선택할 수 있게 바뀐다. 제품 구매가 자동화
되고 AI가 고객을 분석할수록 소비자들도 기술과 AI가 추천해
준 제품에 대한 의존도가 높아지게 된다.

　이처럼 소비자와 시장이 지속적으로 움직이는 것에 맞춰
기업들은 비즈니스 전략의 방향 설정과 실행의 속도를 더 빠르
게 조정할 필요가 있다.

　이 책은 수퍼플루이드 시대에 고객들이 어떻게 변화하는
지 알기 위해 미래 소비자 시장의 핵심 가치를 정의하고, 시장
의 변화를 예측·분석했다. 분석에는 글로벌 소비재 산업 리더,
EY 내부전문가, 미래학자, 혁신적 기업가 등을 대상으로 인터

뷰를 해 150가지 동인을 정의했다. 또한 이런 분석을 통해 소비자 쇼핑방식, 업무방식, 식습관, 기술 활용 등 미래 소비자를 움직이는 요소를 7가지로 구분하여 분석했다.

7가지 요소에 맞춰 미래 소비자의 관점, 미래 기업의 관점에서 어떻게 변화하고 대응해야 하는지 소개한다.

1

쇼핑(Shopping)과 구매(Buying)의 이원화

제조, 브랜드, 유통, 물류의 경계가 빠르게 사라지면서 소비자와 유통/브랜드 관계는 양극화될 것이다. 앞으로 소비자들의 소비활동은 자신의 개성을 드러낼 수 있는 '쇼핑'과 목적지향적인 '구매', 두 가지 형태로 극명하게 나눠진다.

　인공지능과 머신러닝 기술은 소비자가 최선의 제품을 구입할 수 있도록 큐레이팅하여 자동으로 물건을 구매할 수 있도록 지원한다. 시간이 부족한 소비자들은 자신의 의사와 큰 상관이 없는 물품 구입은 자동화해서 진행하고, 자신의 개성을 드러낼 수 있는 극소수의 상품과 서비스에만 집중하는 모습이 나타나게 된다.

　수퍼플루이드 시대 소비자들은 대부분 경제활동과 관련해 판매자에 대해서 알지 못할 뿐 아니라 관심도 갖지 않게 된다. 가격경쟁이 치열한 일반 제품들은 엄청난 양의 데이터를 기반으로

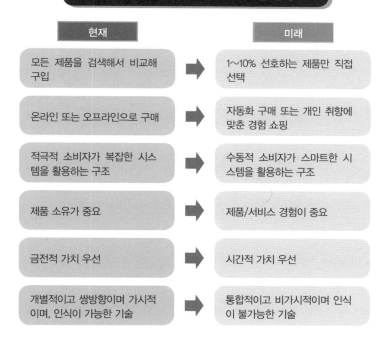

제품 구매 자동화에 따른 패러다임 변화

현재		미래
모든 제품을 검색해서 비교해 구입	➡	1~10% 선호하는 제품만 직접 선택
온라인 또는 오프라인으로 구매	➡	자동화 구매 또는 개인 취향에 맞춘 경험 쇼핑
적극적 소비자가 복잡한 시스템을 활용하는 구조	➡	수동적 소비자가 스마트한 시스템을 활용하는 구조
제품 소유가 중요	➡	제품/서비스 경험이 중요
금전적 가치 우선	➡	시간적 가치 우선
개별적이고 쌍방향이며 가시적이며, 인식이 가능한 기술	➡	통합적이고 비가시적이며 인식이 불가능한 기술

하여 소비자 요구에 선제적으로 대응하는 인공지능과 머신러닝 기반 플랫폼을 통해 자동으로 구매가 진행된다. 이런 구매방식을 통해 소비자들은 거래, 결제, 배송 그리고 브랜드 선택에 대한 고민에서 벗어날 수 있게 된다.

예를 들면, 구매자가 큰 관심을 갖지 않는 저관여도 생필품의 경우 2020년까지 50%가 사물인터넷(IoT)을 활용해 자동으로 보급될 예정이다. 이미 아마존은 대시버튼(Dash Button) 서비스를 제공 중인데, 최근 구입했거나 자주 주문한 생활 필수품과 연동된 버튼을 누르면 자동으로 구매가 진행되는 서비스다.

반대로 쇼핑은 차별화된, 관심이 있을 만한 상품과 서비스를 제공하는 특별한 공간에서 이뤄지는 매우 의식적이고 경험 주도적인 활동이 된다. 대량 생산을 통해 제조된 물품이 아니라 개인의 취향을 겨냥한 맞춤 제품, 한정판, 브랜드 가치가 높은 제품에 집중하게 된다. 취향 자체가 자신의 개성이나 정체성을 보여주는 지표가 되기 때문에 미래 소비자들은 자신이 관심 있는 제품과 서비스의 경험에 대해 더 적극적으로 참여하게 된다.

자동 구매에 따라 10%만 직접 선택하는 소비자

신공유경제의 확장은 소비자들이 적게 소유하는 대신 자신이 추구하는 서비스와 제품에 더 적극적으로 참여하는 모습을 보이게 된다. 이전까지 소비자들은 필요한 대부분의 재화를 직접 소유해야 했지만, 신공유경제에서는 소유가 아닌, 필요할 때 최선의 선택을 할 수 있는 소비형태로 바뀐다.

현재 소비자들은 자신이 사용하는 제품의 비누나 칫솔 같은 일상용품부터 자동차까지 모든 제품을 100% 선택해야 한다. 하지만 앞으로는 인공지능 기반의 로봇 개인 비서를 통해 개인의 취향이 별로 필요 없는 일상제품 대부분은 자동으로 구매하고, 자신이 사용하는 제품 중 적극적인 관심을 가지는 1~10% 가량만 직접 선택하게 된다.

또한 현재 시장은 온라인과 오프라인 두 가지로 나눠져 있지만, 앞으로는 자동화된 구매와 경험적 쇼핑으로 구분된다. 소비자들에게는 제품 자체를 소유하는 것보다 제품을 통한 경험이 중요해지면서 구매에서 사용에 이르기까지의 전 과정에 대한 경험이 최고의 가치가 된다.

주요 변화

- 2020년까지 AI 기반의 개인 비서와 로봇시장은 120억 달러 규모로 성장 전망
- 2020년까지 80%의 브랜드들은 로봇을 사용하거나 도입할 예정
- 2020년까지 1억 명의 소비자들이 AR 기반으로 쇼핑할 전망
- 2030년까지 미국 소비자들은 일주일에 평균 4.5개의 택배를 드론으로 받을 전망

쇼핑과
구매 이원화에 따른
미래 기업의 대응

02

소비자들의 '쇼핑'과 '구매' 경험이 명확하게 구분됨에 따라 기업들은 비즈니스 모델을 개별적으로 운영할 수 있도록 개편해야 한다. 기업들은 지능화된 소비자들을 겨냥하고, 다양해지는 요구에 대응하기 위해 데이터 기반 알고리즘을 고도화해야 한다. 어떤 제품을 개발하는지도 중요하지만, 그 제품의 개발과 판매에 알고리즘의 정교함이 더 많은 영향을 미치게 된다.

제조와 물류 혁신을 통해 수요가 발생하는 시점에 맞게 상품을 제공하고, 데이터 분석을 통해 경제적 이익을 극대화할 수 있도록 변화해야 한다.

하지만 이 같은 기업들의 변화에 따라 소비자 측면에서 저항 요소도 증가하게 된다. 기업에서 제공하는 기술에 대한 불신, 보안 문제, 원하지 않는 쇼핑에 대한 불만 등이 커지게 된다.

이런 문제를 해결하기 위해 기업들은 소비자들이 '구매'하는 것인지 '쇼핑'하는 것인지를 명확히 구분해서 대응해야 한다. 또한 쇼핑과 구매 과정에서 소비자에 초점을 맞춰야 하는지 아니면 구매에 영향을 미치는 인공지능 알고리즘에 초점을 맞춰야 하는지도 각 제품과 서비스에 반영해야 한다.

기업 관점의 핵심 질문

- 기업들은 어떻게 현실에서 소비자들이 '구매'를 하는지, '쇼핑'을 하는지 구분할 수 있는가?
- 쇼핑 vs. 구매 경험에 대한 각기 다른 니즈에 따라 온·오프라인 유통 인프라 구조는 어떻게 변경될 것인가?
- AI 기반 의사결정과 투명성이 감성을 대체하면서 기업은 어떻게 상품을 차별화할 수 있는가?
- 다양한 시스템을 활용하는 소비자 구매경로에서 기업은 어떠한 방식으로 일관성을 보장할 수 있는가?

2

상품 및 서비스 판매
vs.
라이프스타일 가치 제공

미래 소비자들은 더 적게 소유하려는 성향을 갖지만, 반대로 그들이 원하는 경험에는 더 많은 비용을 지불하는 데 주저하지 않는다. 프리랜서의 확장된 개념인 '긱이코노미(Gig Economy)'의 대두와 메가시티의 성장은 소비자들로 하여금 제품 또는 서비스의 소유가 낭비 또는 비효율이라는 인식을 하게 만든다.

　긱이코노미는 1920년대 초 미국 재즈공연장 주변에서 즉석 연주자를 섭외해 공연을 여는 '긱(Gig)'이라는 단어에서 유래했는데, 우버나 에어비앤비처럼 공유경제 플랫폼을 통해 생성되는 독립형 일자리 생태계를 말한다. 더 많은 공유경제 플랫폼의 등장은 긱이코노미의 영향력 확대로 연결된다.

　이런 삶의 변화는 도시에서의 거주공간이 작아지고, 집에 대한 소비자 인식이 변하면서 고정된 주거환경보다 보다 많은 거주자들을 수용하기 위한 기능적이고 일시적인 거주형태의 확산으로 이어진다. 이런 삶의 변화는 프로젝트 기반의 수입으로 생활하는 긱이코노미 세대에게 소유가 아닌 경험에 대한 소비 수요를 증가하게 만든다.

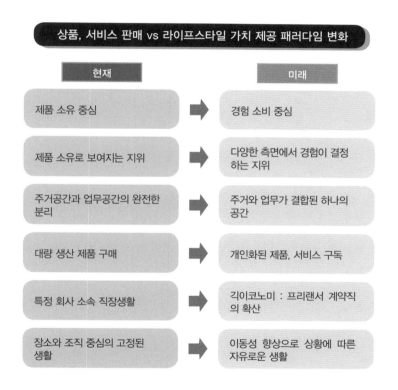

더 적게 소유하고, 더 많은 경험을 원하는 미래 소비자

공유경제가 일반화되면서 제품은 소유하는 것이 아니라 필요할 때마다 최선의 제품을 공유하는 방식으로 바뀌게 된다. 이는 세대에 따라 확연한 차이를 보이는데 인터넷과 모바일에 익숙한 밀레니얼 세대는 72%가 제품 구입보다 경험 소비를 선호한다.

예를 들면, 자동차의 경우 이전 세대는 구입해서 장기간 소유하는 것을 선호하지만, 밀레니얼 세대는 15%만이 자기 차량 소유를 매우 중요한 것으로 인식하고 있다. 영화나 음반도 구입해서 소장하는 형태에서 넷플릭스나 스포티파이 같은 서비스를 이용해 스트리밍으로 필요할 때 바로 경험하는 방식으로 바뀌고 있다.

이런 소비형태의 변화는 제품과 서비스의 가치를 바라보는 관점이 세대에 따라 완전히 변하는 것을 의미한다. 이런 변화는 온디맨드(On-Demand) 서비스가 디지털 컨텐츠에서 의류, 음식, 물류, 기기 등 새로운 측면의 다양한 형태로 제공되는 것이 원인이 된다. 제품 생명주기도 소비자가 원하는 시점과 장소에서 사용할 수 있도록 '엔드투엔드(End-to-End)' 서비스로 대체된다.

주요 변화

- 2018년 기준, 액티브 VR 이용자는 1억 7,100만 명임
- 미국에서는 8,000명의 인생 상담 코치가 근무 중임
- 40%의 미국 성인들은 부모님과 거주 중임

경험 가치 제공에 집중하는 미래 기업

미래 소비자들은 특정 장소에 영향을 받지 않으며, 다양한 거주형태에서 삶의 질 향상을 위한 서비스를 추구한다. 이런 변화에 맞춰 기업들은 새롭게 등장하는 모듈식 주거, 작업 방식, 이동성에 대응하기 위해 비즈니스 전략을 세워야 한다.

회사 소속의 직장생활이 프리랜서와 계약직으로 구성된 긱이코노미로 전환되어 생활공간과 업무공간이 결합되는 현상을 고려해 라이프스타일을 즐길 수 있는 가치를 지속적으로 제공해야 한다. 집도 소유에서 거주, 경험으로 의미가 바뀌면서 새로운 생활형태가 등장해 이에 맞는 공유서비스가 새로운 시장을 만들 것이다. 또한 물리적 제품과 서비스를 대체하는 가상현실(VR)과 증강현실(AR)이 일반화되는 상황에 맞춰 대비해야 한다.

결국 기업들은 초유동성 시대 소비자들을 대상으로 유기적인 소비자 경험, 차별화된 충성도의 확보를 위해 기존에 제공해온 상품 이상의 경험을 제공해야만 한다.

기업 관점의 핵심 질문

- 초유동성 시대 소비자들을 대상으로 기업은 어떻게 로열티를 확보할 것인가?
- 제품 판매 기업에서 End-to-End 라이프스타일 서비스 제공 기업으로 바뀌기 위해서는 어떠한 역량들이 필요한가?
- 유목 라이프스타일을 중시하는 고객을 대상으로 유기적인 소비자 경험을 제공할 수 있는가?
- 집의 의미가 변하면서 어떠한 새로운 공유서비스들이 필요하게 될 것인가?
- 가상세계와 경험이 주류가 되면서 물리적 제품들은 어떻게 살아남을 것인가?

3

눈에 보이지 않는
기술의 진화

미래 소비자들은 기업이 적용하는 기술들에 대해 생각하지 않을 것이며, 기업들도 이런 기술을 드러내지 않을 것이다.

기업들은 더 나은 제품과 서비스를 위해 기술과 데이터, 운영 시스템, 플랫폼을 결합해 소비자의 삶에 더욱 깊게 파고들게 된다. 새로운 단계의 통신망과 IoT 기반 연결을 통해 로봇, 스마트 디바이스 그리고 시스템은 상호 연동하며 더욱 스마트한 의사결정을 내릴 수 있도록 해준다.

소비자 측면에서는 더 개인화되고 정교한 경험을 얻을 수 있게 되고, 기업은 제품과 서비스를 제공하는 비용을 절감시킬 수 있다.

2020년까지 커넥티드 디바이스는 250억 개에 달하게 되고, 2025년까지 10%의 소비자가 의류에 센서를 부착하고 활용할 것으로 전망된다. 더 많은 기기와 센서가 연결된다는 것은 집단을 더 세분화하고, 개인으로 분류할 수 있는 것을 의미한다. 이전보다 더 많은 데이터가 취합·분석되지만 인공지능과 클라우드, 빅데이터 기술의 발전으로 관련 비용은 극도로 낮아진다.

기술의 적용 범위가 과거에 비해 큰 폭으로 확장됨에도 불구하고, 소비자들이 기술에 대해 인지하지 못하게 된다. 또한 개방형 플랫폼은 사업자들에게 보다 높은 수준의 경쟁의 장을 제공한다.

실시간 니즈의
충족을 원하는
미래 소비자

01

미래 소비자들은 디지털 생태계의 통합으로 더 고도화된 경험을 제공받을 수 있다. 인공지능은 실시간으로 복잡한 중재와 의사결정을 내려 소비자와 브랜드의 상호작용에 깊숙한 영향을 미친다. 예전보다 기술이 소비자의 행동과 경험에 더 많은 영향을 미치고 있지만, 그 존재를 알아채는 것은 더욱 어려워지고 있다.

온라인으로 소비자들이 어떤 결정을 내리기 이전에 디바이스와 플랫폼, AI 사이 협업은 1,000분의 1초 안에 이뤄진다. 이를 통해 소비자들은 이전에는 불가능했거나 자신이 직접해야 했던 작업을 거치지 않고 원하는 경험을 할 수 있게 된다.

이미 유튜브에서는 매일 1,500만 명의 사용자가 음성, 자막 변환 기술을 사용하고 있다. 앞으로 정보의 독점 없이 플랫폼 간 결합이 확대될 경우 개별화된 디지털 프로필을 바탕으로 실시간 요구에 대응하는 제품과 서비스는 지속적으로 확대될 것이다.

주요 변화

- 250억 : 2020년 사용되고 있을 '커넥티드 아이템'의 수
- 2018년 4월 기준, 397,598개의 프로젝트가 킥스타터에 등록됨
- 2025년까지 10%의 소비자가 의류에 센서를 부착하고 활용할 전망

눈에 보이지 않는 핵심 기술에 투자하는 미래 기업

기업들은 미래 소비자들을 확보하기 위해 눈에 보이지 않는 기술에 투자해야 하는 문제에 직면하게 된다. 인공지능과 유비쿼터스한 상호 연결은 비효율적인 공급망을 최적화해 기업들이 원하는 수준의 데이터를 확보하게 만든다. 하지만 더 많은 데이터는 대역폭의 한계와 추가 디지털 인프라 비용, 보안과 개인정보 위험을 안고 있다.

충분한 정보를 위해서는 경쟁업체가 제공하는 수준 이상의 기술과 비용이 필요하다. 이에 따라 기업들은 미래를 결정지을 수 있는 차별화된 기술에 집중 투자해야 한다. 또한 폐쇄 플랫폼이 아닌 개방형 플랫폼 경쟁에서 어떤 사업자와 협력을 해야 효율을 최대화할 수 있을지 고민해야 한다. 민감한 데이터 취급이 많아질수록 높아지는 보안 위험을 블록체인과 같은 기술로 공급망과 소비자 생태계를 보호할 필요도 있다. 이미 글로벌 은행의 80%는 자체 블록체인을 개발하고 있다.

고도화된 인공지능이 만드는 편향성 등 오류를 어떻게 처리해야 할지에 대한 대비도 필요하다. 인공지능에 의한 의사결정은 주관이나 편견에 의해 좌우되는 인간의 결정과는 달리 객관적이고 공정할 것이라고 여겨지나, 데이터나 알고리즘에 오류가 생길 경우 결정이 잘못될 수도 있다. 인공지능을 업무에 활용하는 기업들은 적절한 수준에서 검증할 수 있는 안전장치를 마련해야 한다.

기업 관점의 핵심 질문

- 기업은 어떻게 기술에서의 ROI 극대화를 이루기 위해 필요한 인재를 확보할 것인가?
- 경쟁사들은 통합 정보처리를 위하여 어떻게 협력하는가?
- 보안과 프라이버시를 제공하는 수단이 사용자 경험을 어떻게 통제하게 될 것인가?

4

게이미피케이션
(Gamification)과
기업들의 역할 변화

미래 소비자들은 일상생활과 놀이의 융합으로 삶의 게임화 (Gamification)를 경험할 것이다. 스포츠 경기, 콘서트, 극장에서 즐기는 이벤트에 게임화 기술요소가 도입되면서, 소비자들은 게임화된 사용자 경험과 가상현실의 결합을 통해 새로운 방식 의 놀이를 즐기게 된다.

이전까지 컨텐츠 생산자와 소비자는 구분됐지만, 앞으로는 그 구분이 모호해진다. 컨텐츠 소비자이면서 생산자 역할을 하 는 크리슈머(Creator+Consumer)가 증가하게 된다.

일과 놀이는 상호 융합돼 생산성도 향상된다. 관중들은 현장 이외 다른 장소에서 원격으로 연결돼 가상현실, 증강현실 기술 과 소셜 플랫폼을 이용해 실제 현장에 있는 것처럼 이벤트에 참 여할 수 있다. 소비자들은 이벤트를 일방적으로 받아들이기만 하는 역할에서 적극적으로 참여하는 역할로 바뀌고, 이벤트 제작자들도 이런 변화에 맞춰 소비자들이 최대한 놀이의 경험을 느낄 수 있도록 지원하게 된다.

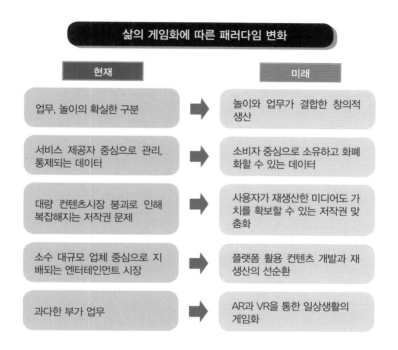

놀이를 통해
창의적 생산을 하는
미래 소비자

　미래 소비자들은 놀이를 통한 창의적 생산, 재생산한 컨텐츠로 이익을 얻을 수 있게 된다. 이는 업무와 놀이가 정확히 구분됐던 시대에서는 상상할 수 없던 일이다.

　사람들은 평균적으로 21세까지 게임을 하고 1만 시간을 소비하는데, 대부분 혼자서 하는 놀이였다. 그동안 게임은 제조사가 제공하는 컨텐츠를 일방적으로 즐기는 형태였지만, 동영상 스트리밍 서비스 트위치(twitch), 유튜브 등을 통해 자신이 하는 게임을 기반으로 개인 방송을 하는 크리슈머가 등장하고 있다.

　이들은 등장 초기 잠시 지나가는 유행에 멈출 것이라고 생각됐지만, 오히려 영향력이 점점 커지고 있다. 최근에는 게임 제작사가 신제품 발표회에 크리슈머를 내세우거나, 협업해서 게임을 개발하는 사례도 등장하고 있다.

스마트폰과 자동차도 마찬가지다. 애플이 아이폰, 테슬라가 전기차를 개발하지만, 새로운 아이폰과 전기차로 컨텐츠를 만드는 것은 기업들이 아니라 소비자들이다. 이들이 직접적으로 컨텐츠 제작을 할 수 있는 것은 대역폭의 확대, 무료 스트리밍 서비스의 등장 등 디지털 기술의 발전을 통해서다. 미래 소비자들은 컨텐츠와 이벤트를 소비하는 것에 그치지 않고 공유, 참여 그리고 수익까지 내는 형태로 진화한다.

주요 변화

- CTO 등 기술경영자의 53%는 2020년까지 게임화 기술 도입이 비약적으로 증가할 것이라 예상함
- 평균적으로 미국의 18~24세는 스마트폰에 월 94시간을 소비함
- 2019년까지 80%의 온라인 컨텐츠는 영상물이 차지할 것임
- 2020년 글로벌 게임화 시장은 111억 달러 규모가 될 것으로 평가됨

게이미피케이션
(Gamification) 시대,
미래 기업의 모습

　기업들은 대량 컨텐츠 시장 붕괴에 맞춰 소비자들이 컨텐츠를 개발, 재생산할 수 있는 플랫폼 사업을 비즈니스 전략에 포함시켜야 한다. 소수의 거대 업체들이 저작권을 확보해 지배했던 엔터테인먼트 시장은, 사용자가 재생산한 미디어에 권리와 수익을 자동으로 분배하는 형태로 바뀐다.

　이전까지 유튜브에서 특정 음악을 사용하면 저작권 위반으로 사용이 금지됐지만, 이제는 유튜브와 포괄 계약을 맺은 음원은 제3자가 사용할 경우 자동으로 광고가 삽입되고, 이 광고의 일부는 원저작자에게 돌아간다. 저작권자는 자신의 독점적인 권리를 주장하는 것보다, 더 많은 사람들이 음원을 활용해 컨텐츠를 재생산할수록 수익이 증가한다.

이런 과정에서 인공지능으로 특정 음원을 인식하고, 노출시간을 정량화해 수익을 분배할 수 있는 블록체인 기반의 디지털 기술이 활용된다. 이는 몇 단계의 문서작업과 긴 조정시간이 필요했던 저작권 수익문제를 자동화하고 투명하게 바꿨기 때문에 가능한 부분이다.

기업들은 소비자가 직접 참여할 수 있는 미디어 플랫폼을 구축해 컨텐츠의 제한과 감독이 아닌 적극적인 참여를 유도해 소비를 이끌어낼 수 있는 전략을 세워야 한다.

기업 관점의 핵심 질문

- 게임화된 시대에서는 소비자 관련 이슈들이 어떻게 관리되고 해결될 것인가?
- 게임화는 어떻게 소비자의 참여와 소비를 이끌어낼 수 있는가?
- 줄어드는 업무와 놀이 사이의 구분 속에서 기업은 어떻게 변화할 것인가?
- 가상 경험이 주류가 되면서 현실 경험의 가치와 물리적 제품의 가치는 어떻게 변화할 것인가?
- 미래의 크로스 플랫폼 미디어 회사는 어떻게 수요가 분산되는 것을 막을 것인가?

5

긱이코노미(Gig Economy) 확산에 따른 기업 문화의 변화

긱이코노미에서 구직자들은 그들의 역량과 성과에 맞는 프로
젝트를 제공하는 인지적 인력플랫폼을 통해 일자리를 찾게 된
다. 현재 직장은 기업에 소속되어 장기간 근무하는 형태가 일반
적이지만, 미래에는 개인의 능력에 맞게 직접적으로 금전적인
목표를 달성할 수 있도록 변화한다.

인지적 인력플랫폼은 근로자의 세부적인 프로필을 관리해 최
적의 프로젝트를 찾을 수 있도록 자동으로 분류하고, 구직자와
구인자를 연결한다. 임금과 과세, 인사 등 행정절차는 개별 회사
가 아닌 인지플랫폼 업체에서 자동화해 처리한다.

미래에는 월급이나 연봉이라는 단어 대신 분, 시간 단위 임금
이 책정된다. 업무의 강도와 시간에 맞춰 적절한 수준의 임금이
자동으로 지불된다. 이런 환경에서 능력 있는 근로자들은 더 높

은 수익을 얻을 수 있는 프로젝트를 얻게 되고, 그동안 업무를 방관해왔던 프리라이더들은 설 자리가 줄어든다. 소비자들이 물건을 소유하는 대신 경험을 하는 것처럼 직장도 고용자와 피고용자가 최고의 효율을 얻을 수 있는 형태로 바뀐다.

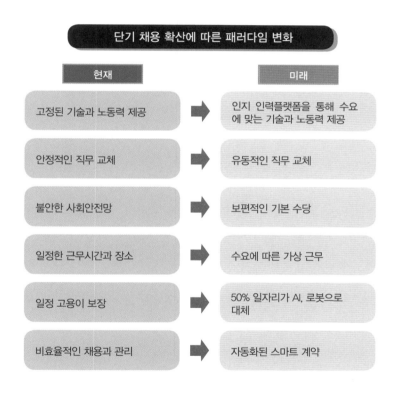

단기 채용 확산에 따른 패러다임 변화

현재		미래
고정된 기술과 노동력 제공	➡	인지 인력플랫폼을 통해 수요에 맞는 기술과 노동력 제공
안정적인 직무 교체	➡	유동적인 직무 교체
불안한 사회안전망	➡	보편적인 기본 수당
일정한 근무시간과 장소	➡	수요에 따른 가상 근무
일정 고용이 보장	➡	50% 일자리가 AI, 로봇으로 대체
비효율적인 채용과 관리	➡	자동화된 스마트 계약

라이프스타일과 경험을 추구하는 미래 소비자

미래 소비자들은 회사에 소속되지 않고 자신의 능력에 맞는 최고의 대우를 받을 수 있는 프로젝트 기반의 직업을 선호하게 된다. 일반적이고 반복적인 업무는 로봇과 인공지능이 대체하기 때문에, 사람들은 더 부가가치가 높은, 창의적인 일에 참여하게 된다.

지금까지 로봇은 사람의 업무를 도와주는 역할을 해왔지만, 앞으로는 로봇이 사람들을 관리하는 방식도 등장할 것이다. 2018년까지 로봇 상사가 300만 명에 달하는 근로자들을 관리하게 되었다. 이런 업무 환경의 변화는 프리랜서와 새로운 직업의 등장으로 연결된다.

현재 취학 아동의 65%는 지금은 존재하지 않는 직업에 종사하게 될 것이고, 2020년까지 프리랜서가 노동력의 43%를 차지하게 된다. 그동안 프리랜서는 고정된 직업을 찾지 못하는 사람들이 상당수였지만 시간과 장소, 업무를 선택할 수 있는 고소득 프리랜서들이 증가할 것이다.

미래 소비자들은 회사에서 일방적으로 부여하는 업무가 아니라 라이프스타일과 경험, 자신의 발전을 아우를 수 있는 업무를 우선적으로 선택하게 된다.

유동적인 근무와 자동화 시대를 대비하는 미래 기업

앞으로 기업들은 고정적인 근무시간과 장소를 관리하는 방식에서 온디맨드식 가상 근무, 자동화와 유동적인 근무를 관리해야 한다. 밀레니얼 세대의 56%는 그들이 동의하지 않는 가치를 가진 기업에서 근무의사가 없기 때문에 업무효율뿐 아니라 업무철학과 가치가 맞는 근무자와 계약해야 하는 어려움에 처한다.

다행히 이런 복잡성은 인지적 인력플랫폼을 통해 줄일 수 있다. 또한 업무 지원 과정에 있어서 개별 근로자와의 계약, 임금지급, 과세, 인사 부문 등은 자동화로 관리할 수 있게 바뀌면서 최소 관리비용이 드는 시스템을 통해 이익을 높일 수 있게 된다.

그러나 긱이코노미 환경에서 근로자들은 프로젝트 기반으로 기업들과 협상력을 갖게 되기 때문에, 기업들은 개별 노동자 보상 전략과 임금책정을 비즈니스 전략에 반영해야 한다. 또한 자동화된 의사결정과 관련해 고용, 인사 관련해서 발생하는 책임을 어떻게 해야 할지 미리 결정해야 한다.

기업 관점의 핵심 질문

- 미래 자동화 시대에 기업들은 노동 관련 이슈들을 어떻게 관리할 것인가?
- 유동적 근무와 삶은 어떻게 소비 패턴을 변화시킬 것인가?
- 오늘날에는 존재하지 않는 직업들에 대해서 어떻게 대비할 것인가?
- 기업들은 긱(gig) 노동자들을 위해 보상 전략과 임금 책정을 어떻게 변화시켜야 하는가?
- 기업의 의사결정이 자동화된다면 그 결정의 책임은 누구에게 있는가?

6

스마트 인프라를 통한
미래 모빌리티(Mobility)

스마트해진 인프라는 개별 시나리오에 맞는 복합적인 이동 옵션을 제공한다. 고립된 하나의 이동수단이 아니라 시간과 비용이 효율적인 인프라를 복합적으로 사용할 수 있게 돼 혼잡이나 과잉을 피해 효율적인 운송수단을 선택할 수 있다.

 운전시간이 노동에서 생산적인 시간으로 바뀌는 것에 맞춰 소비자들은 차 내에서 이동시간을 어떻게 보낼 수 있는지가 가장 중요한 가치가 된다. 기업들은 이동환경에 있어 소비자들에게 최상의 경험을 제공할 수 있도록 다양한 이동수단을 연동할 수 있는 플랫폼을 제공하고, 효율적인 교통수단 체계를 아우르는 통합 결제서비스를 제공하게 된다.

이동환경 효율화에 따른 패러다임 변화

현재	미래
개별, 단절된 수송 인프라	통합되고 효율적인 단일 이동성 인프라
상시 위치 공유에 대한 인식 부족	이동수단 간 자동으로 공유되는 개방형 정보
이해당사자 간 신뢰 부족	지속적이고 최적화된 공유 솔루션
통근은 시간 낭비라는 인식	통근시간을 생산적으로 활용할 수 있다는 인식
불완전한 정보를 기반으로 비효율적인 운송수단 선택	기술에 기반한 효율적인 이동 경험
과도하게 분산된 네트워크 비용	통합 교통수단 체계를 지원하는 결제 환경

이동시간 단축을 통해 생산성에 집중하는 미래 소비자

자율주행차량과 복합 이동수단 연계가 가능해지면서 미래 소비자들은 이동수단 그 자체가 아닌, 이동시간 동안 어떤 생산적인 일을 할 수 있는지를 중요한 가치로 고려한다.

일반적으로 소비자들은 자신의 위치정보를 공개하는 것을 꺼려했지만, 효율적인 교통수단 선택을 위해 이동 데이터를 적극적으로 공유하면서 자신에게 맞은 이동방식을 선택할 수 있다.

미래 소비자들은 자동차를 소유하는 대신 공유 플랫폼을 활용해 교통 정체와 주차 혼잡 등의 문제에서 해방될 수 있다. 자신이 운전할 필요가 없는 자율주행차량은 자동차 공유 소비자를 운전할 수 있는 일부에서 이동수단을 이용하는 전체로 확장할 수 있다.

2030년까지 도로 위의 차 4대 중 1대는 자율주행차가 될 것으로 전망되는데, 이미 각 자동차업체들은 부분적으로 자율주행 기능을 탑재한 차량을 판매 중이다. 이런 변화는 통근과 이동을 낭비하는 시간에서 생산적인 시간으로 전환하기 때문에 소비자들은 어떤 차를 소유할 것인가보다 이동시간 동안 경험할 수 있는 가치에 집중하게 만든다.

주요 변화

- 콜럼버스 스마트 수송 프로젝트를 위해 4,000만 달러의 美 정부 투자가 이루어짐
- 500mph: 美 걸프 해안 도시들을 연결하기 위해 개발되고 있는 "하이퍼루프"의 속도
- 2050년까지 자율주행 운송수단의 생산성 향상을 위해 4,480억 달러를 투자할 전망
- 운송 및 물류 분야는 2020년까지 400억 달러를 IoT에 투자할 것임

이동수단의 끊임없는 통합을 추구하는 미래 기업

02

미래 기업들은 더 빠른 수송 네트워크를 형성하기 위해 효율적인 인프라와 솔루션으로 주도권 확보에 나서게 된다. 오픈 데이터, 공유 인프라, 자율주행이 맞물리면서 이동수단의 개념이 근간부터 바뀔 것이다. 기업들은 이동시간 동안 생산성 향상을 원하는 소비자를 대상으로 교육, 엔터테인먼트 등 서비스를 제공하면서 기술을 통한 최적의 이동을 제안해야 한다.

현재 우버나 리프트 등 차량 공유서비스는 운전자가 필요하고, 단편적인 이동수단만 제공한다. 소비자에게 복합 이동수단을 통한 최적의 경로를 제공하는 데 한계가 있기 때문에 동종업체, 유사업체 간 통합, 협력 등의 방식을 통해 재편될 것이다. 배송시스템도 인공지능과 자동화의 도움으로 효율적인 배송이 가능해진다.

반대로, 미래 기업들은 통합 이동 서비스에서 장애물이 되는 구형 인프라, 관련 규제, 사이버 보안문제에 대한 해결책도 준비할 필요가 있다.

기업 관점의 핵심 질문

- 더 빠른 수송 네트워크를 형성하기 위한 인프라 투자를 누가 조성할 것인가?
- 자율주행차들은 통근시간을 낭비하는 시간이 아닌, 생산적인 시간으로 만들 수 있는가?
- 라스트 마일 달성은 경쟁우위 요소에서 필수 요소로 변화할 것인가?
- 상호의존 경향은 경쟁하는 물류업체들의 협업을 증진시킬 것인가?
- 이동의 비효율성을 해결하는 것에 있어서 공적 영역과 사적 영역의 역할은 어디에서 충돌할 것인가?

7

기술 발전을 통한 전례 없는 소비행태의 혁신

미래 식품들은 제품 자체에 표시된 기본 정보보다 더 자세한 사항을 담게 된다. 제조와 유통과정, 영양분, 인체에 미치는 영향들도 손쉽게 확인할 수 있어 개별 소비자들의 요구에 맞는 맞춤형 식품이 주를 이루게 된다.

디지털 기술이 음식의 섭취, 소비, 유통 자원 관리에 혁명을 일으키는 것이다. 기업들은 영양소가 많고, 보다 나은 식재료를 만들기 위해 제약사와 협업하는 '파밍(Pharming = 제약 pharmaceuticals + 농업 farming)을 강화하게 된다.

현재 우리가 먹는 식재료는 복잡한 과정을 거쳐 만들어지고, 제조 이력을 파악할 수 없다. 하지만 블록체인 기술은 2030년까지 투명한 식품 시스템을 구현하게 된다. 위·변조가 불가능한 블록체인을 통해 영양과 유전적인 정보도 포함할 수 있다. 소비자들은 시각과 맛으로만 구분했던 식재료를 자신의 체질과 영양소를 고려해 취득한다. 특정 음식이 사람, 동물 그리고 환경에 미치는 영향은 음식을 선택하는 데 중요한 고려사항이 되는 것이다. 맛, 건강, 복지, 비용 그리고 편의성에 대한 기대가 높아지면서 각 요소들 사이의 트레이드오프(trade off) 관계는 사라지게 된다.

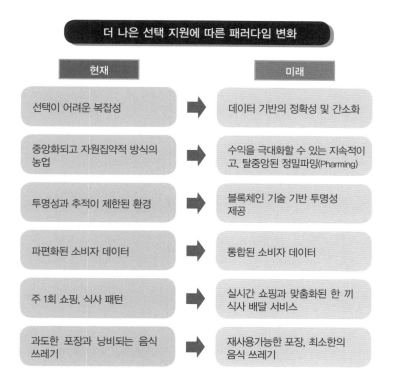

더 나은 선택 지원에 따른 패러다임 변화

현재	미래
선택이 어려운 복잡성	데이터 기반의 정확성 및 간소화
중앙화되고 자원집약적 방식의 농업	수익을 극대화할 수 있는 지속적이고, 탈중앙된 정밀파밍(Pharming)
투명성과 추적이 제한된 환경	블록체인 기술 기반 투명성 제공
파편화된 소비자 데이터	통합된 소비자 데이터
주 1회 쇼핑, 식사 패턴	실시간 쇼핑과 맞춤화된 한 끼 식사 배달 서비스
과도한 포장과 낭비되는 음식 쓰레기	재사용가능한 포장, 최소한의 음식 쓰레기

개인화된 식단을 제공받는 미래 소비자

미래 소비자들은 블록체인 기술 기반 식재료 정보를 통해 자신에 맞는 식재료를 선택한다. 소비자들은 일정기간마다 구매해 보관/저장했던 식재료를 필요할 때마다 필요한 만큼만 구매하는 방식으로 전환하고, 필요한 영양과 환경적 영향을 고려해 의식적인 식사 결정을 내린다. 소비자들은 자신의 건강을 관리해 주는 인공지능의 안내에 따라 어떤 식사를 할지 결정한다.

데이터를 통해 특정 영양소에 대한 정보를 쉽게 파악할 수 있어서 개인화된 식사를 지향하게 된다. 또한 음식이 건강에 미치는 영향을 직관적으로 알게 돼, 채식 위주 식품과 세포배양 기반 식품의 인기가 높아질 것이다. 현재 미국 소비자의 17%가 채식 위주 식습관을 가지고 있는데, 식재료에 대한 정보가 확대되면 이런 추세는 더 확산될 것으로 전망된다.

주요 변화

- 2030년까지 90%의 레스토랑들은 음식 준비 시에 3D 프린팅을 사용할 것임
- 질병 치료를 위한 처방 기반의 가루와 음료시장은 150억 달러 규모임
- 2022년까지 5년 동안 전체 미국 음식 배달시장은 79% 급증할 것임

미래 기업들은 건강에 대한 관심이 높은 소비자들을 끌어들이기 위해 대량 생산이 아닌 개인이나 특정 계층에 맞춰 영양소를 높이는 '파밍(Pharming)'으로 탈바꿈하게 된다. 식재료와 음식유통은 블록체인을 통해 소비자들이 안심하고 구매할 수 있는 형태로 바뀐다. 패스트푸드로 대변되는 간편식 시장은 건강식과 채식으로 대체된다.

소비자들이 음식 데이터에 쉽게 접근하게 되는 만큼, 기업들은 개인 DNA에 맞춘 영양제품을 조제하고, 가공 보존식품, 단백

질 대체재 등을 통해 소비자들이 선호하는 식품을 확대해야 한다. 기업들은 높아진 소비자들의 눈높이에 맞춰 맛과 편의성, 투명성, 건강까지 밸런스를 맞춰야 하는 복잡성을 떠안게 된다.

기업 관점의 핵심 질문

- 푸드 관련 데이터 활용이 본격화되는 시대에 기업의 역할은 무엇인가?
- 예방적이고 진단적인 식품들은 기업에게 기회를 제공하는가?
- 채식 위주로 식단이 변화하면 기업식 농업에 어떤 영향을 미칠 것인가?
- 증가하는 소비자 기대를 충족하기 위해 어떻게 맛, 편의성, 투명성, 그리고 건강의 밸런스를 맞출 수 있는가?
- 어떤 포장, 사이즈, 그리고 내용물을 통해 수익을 내며 소비자 개개인의 소비 니즈를 충족시킬 수 있는가?

스마트 헬스케어 시스템과 연계된 미래 소비자

소비자들은 최소한의 노력으로 최상의 건강상태를 유지하고 싶어 한다. 현재의 소비자도 그렇고, 미래 소비자도 그럴 것이다.

2021년까지 웨어러블 헬스케어 기기의 연간 판매량은 9,800만 개에 달할 것으로 전망되는데, 이는 소비자들이 건강에 대해 지속적으로 관심을 갖는다는 것을 보여준다.

하지만 병원에 방문해 건강을 모니터링하고 치료를 모색하는 형태는 소수에 불과하고, 실시간 자신의 헬스 데이터를 전송해 바로 건강상태를 확인할 수 있는 개인화된 인공지능 서비스를 선호하게 될 것이다.

기존 헬스산업은 추정으로 운영되는 추상적인 시장이었지만, 개인의 건강정보가 공유되는 미래는 종합적인 건강진단, 관리를 해줄 수 있는 기업들이 경쟁력을 갖게 된다. 나이키, 애플, 언더아머 등 업체들이 헬스 정보를 적극적으로 수집하는 이유도 이와 관련된다.

인공지능은 삶의 모든 부분에서 운동, 활동, 식사, 치료를 통합시키고 개인화, 맞춤화된 보상을 제공해 소비자들이 더욱 건강해지는 선택을 내리도록 도와준다. 개인이 적극적으로 건강증진 관련 활동을 할 수 있도록 게임화된 서비스도 제공한다.

미래 소비자는 헬스케어 시스템과 지속적으로 상호작용하게 된다. 어린 나이부터 정신적, 신체적 데이터와 DNA 데이터는 건강 관련 플랫폼을 통해 백엔드에서 관리된다.

그동안 소비자들은 병이 발병한 이후 치료법을 모색해왔지만, 미래는 유전자와 실시간 헬스 데이터를 통해 발병을 예방적으로 원천 차단하거나 줄이는 데 노력하게 된다.

이전까지 개인의 건강을 진단하고, 관리하기에는 전문가의 도움과 높은 비용이 필요했지만, 웨어러블 기기와 건강관리 스마트 시스템을 통해 별도 학습 없이 건강상태를 파악할 수 있게 된다.

소비자들은 스마트하고 진화하는 건강관리 시스템을 활용해 건강과 웰빙을 극대화하게 되는데, 이는 세계적으로 고령화가 빠르게 진행되고 있기 때문이다.

스마트 헬스케어 시스템에 따른 패러다임 변화

현재		미래
적극적인 소비자와 단순한 시스템으로 구성	➡	수동적인 소비자와 스마트한 시스템으로 구성
의사와 건강을 의논하고 효과적인 치료법을 찾는 소비자	➡	게놈과 실시간 생체정보를 사용해 건강 방향을 조언하는 AI
급증하는 의료 비용과 발병 후 대응하는 헬스케어	➡	데이터를 기반으로 건강한 삶과 예방의학을 추구하는 스마트홈과 헬스케어
과도하고 왜곡된 헬스시장 데이터가 아닌 추측에 의해 움직이는 소비자	➡	개인 건강 정보를 감안한 맞춤형 보충제와 식품
식이요법, 수술을 통한 빠른 대응. 대량 생산된 비타민과 보충제	➡	자가 건강진단, 생체 센서와 나노기술을 활용한 예방적인 헬스케어

UN은 전체 인구의 14% 이상이 65세 이상이면 고령사회, 20% 이상은 초고령사회로 구분하고 있는데, 2030년까지 미국 인구의 20%가 65세 이상이 된다. 우리나라는 2017년 고령사회에 진입했으며, 2026년 초고령사회에 진입할 것으로 예상된다.

주요 변화

- '23andMe'는 건강 리스크를 판단하기 위해 200만 개의 유전자형을 만들어냄
- 2030년 세계에서 문제가 될 주요 질병은 우울증이 될 것임

미래 기업들이 소비자들의 건강을 정량화하고 개선하기 위해서는 관련 유전자 데이터와 헬스 데이터를 확보해야 한다. 기업들은 더 많은 데이터 확보를 통해 개인별 맞춤 헬스케어, 지속적인 건강관리 서비스를 제공할 수 있다.

2030년까지 글로벌 홈헬스 및 건강 관련 시장은 6,710억 달러에 이를 것으로 전망되는데, 이 때문에 많은 기업들이 건강 데이터 확보에 집중하고 있다.

기업들은 소비자들이 민감한 건강 데이터를 안심하고 제공할 수 있도록, 개인정보를 투명하고 안전하게 운용해야 하며, 일

상생활을 통해 건강을 관리할 수 있는 통합 서비스를 제공해야 한다.

향후 식품과 약의 경계가 모호해지는 만큼 기업들은 음식에 나노의학을 결합해 개인의 건강을 관리할 수 있는 형태로 제공하는 방안을 고려해야 하며 개인화된 식재료, 영양분을 제공하기 위한 공급망 혁신도 함께 추진해야 한다.

기업들은 새로운 형태의 건강관리 시장에서 ICT를 활용해 기회를 찾을 수 있다. 의료 분야에서 ICT 활용은 직접적인 치료와 예방뿐 아니라 환자와 의료 서비스 제공자, 병원, 보건 전문가 및 건강 정보 네트워크, 데이터 공유 관련 시장을 포함하고 있다.

스마트 헬스케어 시장은 전자 건강 기록, 원격 진료 서비스, 휴대용 환자 모니터링 기기, 수술실 스케줄링 소프트웨어, 로봇 수술 등 ICT를 접목할 수 있는 분야를 확대한다.

이미 글로벌 기업들은 스마트 헬스케어시장에 일찍 뛰어들고 있다. 구글은 혈당 측정, 노화방지, 유전자 분석에 인공지능을 활용하고 있다. 스마트 헬스케어 플랫폼 안드로이드 핏(Android Fit)을 통해 개발자들이 센서 데이터에 접근해 앱을 개발할 수 있도록 지원하고 있다.

애플은 '헬스킷(HealthKit)'을 통해 스마트 헬스시장을 준비하고 있다. 헬스킷은 건강정보를 공유할 수 있게 하는 플랫폼으로 헬스킷을 활용한 앱들은 서로 의료 데이터를 공유할 수 있게 된다.

무엇보다 구글과 애플은 안드로이드와 iOS 건강관리 앱을 통해 전 세계 사용자들의 건강 관련 데이터를 수집하고 있다. 이렇게 누적된 건강 관련 빅데이터는 새로운 헬스케어 서비스를 제공하는 데 활용될 수 있다.

- 해당 식품이 "건강에 이롭다"라는 것을 소비자들에게 어떻게 설득시 킬 것인가?
- 기업들은 어떻게 소비자들이 게놈 데이터와 개인 헬스 데이터를 공유 하도록 장려할 수 있을 것인가?
- 만약 라이프스타일이 개인의 유전적 특성에 따라 맞춤화된다면 상품 의 개인화는 그 속도를 어떻게 따라갈 것인가?
- 개인화된 영양분을 제공하기 위해 어떠한 공급망 역량이 요구되는가?
- 식품 혁신에 있어서 의료 라이선스/규제 승인에 대한 필요성이 어떻 게 영향을 미칠 것인가?

PART

4

거대한 수퍼플루이드의
파고에 직면한
주요 산업들

각 산업별로 수퍼플루이드가 적용되면서 기존에는 볼 수 없었던 새로운 형태의 비즈니스 모델이 나오고 있다. 디지털 기술로 무장한 스타트업은 기존 산업별 강자들이 인식하지 못하는 부문에서 새로운 가치를 만들며 위협하고 있다. 산업 영역의 붕괴는 제조자와 소비자 사이 벽도 허물어 소비자이면서 제품을 기획, 생산하는 데 참여하는 현상도 나타난다.

일부 기업들은 플랫폼을 지렛대 삼아 자신의 영역을 공략하는 기업에 선제적으로 대응하고 있다. 고정관념을 깨고 새로운 기술과 혁신을 받아들여 수퍼플루이드에 맞는 기업으로 탈바꿈하고 있다.

이들 기업들은 그동안 유지해왔던 정체성을 버리고, 수퍼플루이드에 맞는 전략과 방향을 다시 세우고 있다. 다가올 변화를 기존 비즈니스 모델로는 대처할 수 없기 때문이다.

Part 4에서는 자동차, 유통/물류, 금융산업에 닥친 현실과 이에 대응하는 기업들의 사례를 살펴보고, 기업들이 어떻게 변화하고 있는지 살펴본다.

1

정체성을
위협받는
자동차 산업

자동차 산업은 카셰어링, 커넥티드카, 블록체인 등 새로운 트렌드의 등장에 따라 파괴적인 변화가 시작됐다.

　수퍼플루이드 시대 자동차 시장은 카셰어링 사업자, IT 기업 등 이질적인 시장 참여자들의 참여가 가속화될 것이며 막대한 물량과 네트워크를 기반으로 시장 내 안정적으로 성장해온 자동차업체들이 시장 지위를 위협받을 것으로 예상된다.

　현재 자동차 시장은 수퍼플루이드 시대에 진입하는 초기로 과거 몇십 년 동안보다 더욱 급격한 변화가 단시간 내에 이루어지고 있다.

　해당 변화에 선제적인 대응을 하지 못할 경우 자동차 제조업체들은 단순한 자동차 하드웨어 납품업체로 전락하게 될 것이다. 자동차업체들은 카셰어링 업체, IT 기업들과의 합종연횡을 통해 자동차를 기반으로 형성되는 새로운 생태계에 적극 진입하는 한편 자율주행, IoT, 블록체인 등 차세대 기술에 대한 투자를 통해 기술경쟁력을 확보해야 한다.

2000년 초만 해도 자동차 산업은 소수 다국적 기업을 중심으로 시장이 통합·재편될 것이라는 전망이 지배적이었다. 하지만 과거 전망과 달리, 현재의 자동차 산업은 이종사업자의 진입, 비즈니스 모델의 다양화로 인해 기존의 산업 질서가 재편되고 있다.

특히, 기존 소유(Ownership) 중심에서 공유(Sharing) 중심으로 비즈니스 패러다임이 변화하면서 자동차 산업의 가치가 근본적으로 바뀌고 있다.

수퍼플루이드 시대 자동차 산업은 전통적인 제조업 중심에서 플랫폼 중심의 서비스 산업으로 변화하고 있다.

그동안 시장 변화에 보수적이었던 자동차 기업들은 산업 재편에 대응하기 위해 카셰어링 서비스 시장에 적극적으로 참여하고 있다.

디지털 기술로 무장한 이종사업자의 진입

01

　자동차 산업은 대표적인 제조업으로 꼽힌다. 자동차 산업은 전통적으로 부품사와 완성차, 제조, 소매유통, 사후서비스(A/S)로 이어지는 밸류체인이 형성되어 있다. 이 밸류체인의 주도권은 자동차 제조사가 확보하고 있다.

　그러나 최근 자율주행차와 커넥티드카, 인포테인먼트 시스템 발달로 인해 자동차 산업 내 ICT 기업 역할이 확대되고 있다. 여기에 공유경제 확산으로 인해 카셰어링 업체들 또한 시장 내 주요 참여자로 성장했다.

자동차 산업 내 경쟁 Dynamics 변화

	Tier1 부품사	완성차 제조	소매유통	A/S	신사업 영역
전통 강자	BOSCH	Mercedes-Benz	GROUP 1	Advance Auto Parts	N/A
	자율주행차 관련 S/W,H/W	3D 프린팅 및 전기차 제조	온라인 거래 플랫폼	A/S Parts 온라인 판매	자율주행 Car Sharing Entertain
신규 진입자	MOBILEYE Here CRUISE	dyson LOCALMOTORS	ebay TRUECar	US AUTOPARTS amazon	Google LYA APPLE UBER

이런 변화는 자동차 산업 밸류체인이 복잡해지고, 자동차 제조업체 중심 주도권이 분산되는 모습을 가져오고 있다.

자동차 산업 각 부문 선도기업들은 기존 경쟁자 이외에도 신규로 시장에 진입한 이질적인 경쟁자들과 경쟁하고 있다. 또한 자율주행, 커넥티드카에서 핵심 기술을 가지고 있는 부품업체의 경우 자동차 제조업체와 수직적인 관계에서 수평적인 관계로 포지셔닝이 바뀌고 있다.

3만여 개 부품으로 구성되는 자동차는 부품업체를 규모와 역할에 따라 1차(Tier 1), 2차(Tier 2), 3차(Tier 3)로 나누고 있다.

3차 업체는 단순한 부품을, 2차 업체는 3차 업체 부품을 조합한 부품을, 1차 부품업체는 2차와 3차 업체로부터 공급받은 부품으로 엔진, 변속기 등 복잡한 모듈형 부품을 생산한다. 부품업체는 규모의 차이는 있지만, 전체적으로 자동차 제조업체와 수직적 관계를 구성하고 있다.

하지만 자율주행차량 개발과 관련하여 차량 주행 컨트롤, 장애물 및 주변 교통 흐름 인지 및 처리, 도로 지도 및 주행 경로 분석 시스템을 개발하는 기업들은 전통적인 부품업체에서 벗어나 자동차 제조업체와 직접 협상을 벌일 수 있는 수준으로 위치가 높아졌다.

이스라엘 자율주행 소프트웨어 기업 모빌아이(Mobileye)는 영상인식을 기반으로 첨단운전자 보조 시스템(ADAS-Advanced Driver Assistance System)을 개발하는 업체다. 모빌아이는 카메라를 통해 촬영된 영상을 분석해 차선이탈 경고, 제한속도 및 신호등 인식, 보행자 및 자전거, 전방 차량과 차간거리 유지를 통해 자율주행 기능을 구현하는 알고리즘을 확보하고 있다.

모빌아이는 BMW, 인텔, 델파이와 협력해 완전 자율주행차량 개발을 진행하고 있다.

독일 디지털 지도 제작업체 히어(Here)는 자율주행차량에 필요한 초정밀 지도를 제작하는 기업이다.

히어는 기존 내비게이션 시스템과 달리 클라우드를 기반으로 커넥티트카에 연결된 센서를 통해 도로 정보를 수집하고 전 세계 모든 지역에 대한 디지털 지도 및 위치 정보를 실시간으로 업데이트할 수 있는 것이 경쟁력이다.

차량을 직접 제조하지 않고 판매방식을 달리해서 자동차업체를 위협하는 경쟁자도 등장하고 있다. 기존까지 자동차업체들은 오프라인 판매점을 중심으로 자동차를 판매해왔다.

하지만 이베이(eBay)는 자동차 성능을 온라인으로 비교하고, 더 좋은 조건의 차량을 구입할 수 있는 '이베이 모터스(eBay Motors)' 서비스를 제공하고 있으며, 온라인 자동차 매매 사이트 트루카(True Car)는 오프라인 딜러와 연계해 더 저렴한 가격에 차를 살 수 있는 서비스를 제공하고 있다.

이외 아마존(Amazon)과 US 오토파트(U.S. Auto Parts)는 차종별 액세서리와 부품을 직접 판매해 자동차 부품시장에서 소비자에게 각광받고 있다. 자동차 부품시장은 전통적인 오프라인 업체 중심으로 정보가 제한된 시장으로 소비자들이 제품 가격과 성능에 대해 알기 어려웠다.

하지만 온라인을 통해 관련 정보를 제공하고 판매하는 업체들이 등장함에 따라 시장 중심이 오프라인에서 온라인으로 바뀌고 있다.

카셰어링을 중심으로 재편되는 **자동차 산업** 02

공유경제는 패션, 문화, 크라우드펀딩, 숙박 등 사회 전반에 걸쳐 매우 다양한 영역으로 확장되며, 이전에는 존재하지 않던 새로운 사업모델을 제시하고 있다.

카셰어링은 공유경제의 대표적인 사업모델로 미국의 우버와 리프트, 중국의 디디추싱, 국내 쏘카 등 업체를 중심으로 전 세계적으로 사용자 저변이 급격히 확대되고 있다.

중국 최대 카셰어링 업체인 디디추싱은 카풀, B2C 카셰어링, 라이드 헤일링(차량 호출 서비스) 등 카셰어링 전 영역에 걸쳐 사

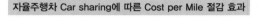

카셰어링 확산 효과

자율주행차 Car sharing에 따른 Cost per Mile 절감 효과

Car Utilization Rate

비용절감의 Key Drivers

차량 구입 비용	• 자율주행차량은 ICE 차량 대비 고가이나 분담효과 증대로 인해 Cost 경감 －장애인, 운전면허 미소지자로 이용자 저변 확대
Parking 비용	• Car Utilization 확대로 승객대기 (주차) 시간 감소 • 자율주행차량의 다목적 이용(택배 등)으로 인한 Idle time 감소
Tax	• 차량당 부과되는 취득세, 보유세 또한 분담효과 증대로 대폭 절감

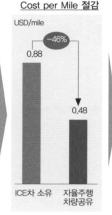

Cost per Mile 절감

USD/mile

－46%

0.88

0.48

ICE차 소유 / 자율주행 차량공유

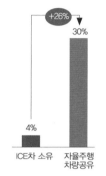

"차량 이용방식이 소유에서 공유로 전환됨에 따라 차량 가동률 급증"

+26%

30%

4%

ICE차 소유 / 자율주행 차량공유

＊ICE 차량 : 내연기관 자동차

업을 진행 중이다. 중국 내 400개 도시에서 4.5억 명이 넘는 가입자와 2,100만 명에 달하는 운전기사를 보유하고 있다.

카셰어링의 확산은 자동차를 소유하지 않아도 된다는 소비자의 인식 변화가 원동력이다. 렌터카, 택시 등 기존에도 카셰어링과 경쟁하는 역할의 서비스가 존재했지만 높은 편의성, 자가 소유 대비 높은 경제성으로 젊은 층을 중심으로 확산되고 있다.

특히 그동안 렌터카, 택시 등을 사용할 때 감수해야 했던 불편함과 높은 비용을 디지털 기술로 상쇄해 폭발적인 성장을 가져오고 있다.

카셰어링 서비스는 하루 단위로 이용하는 렌터카와 달리 시간, 분 단위로 서비스를 이용할 수 있다. 전용 어플리케이션을 통해 언제든 예약이 가능하며, 도심 주차장과 지하철, 기차역 근처 등 주요 거점 지역에 자리하고 있어 24시간 서비스를 이용할 수 있다.

차량을 소유할 필요가 없다는 의식의 변화와 경제적이고 이상적인 서비스를 구현할 수 있는 기술이 카셰어링 시장의 성장을 이끌고 있다.

실제 포드(Ford)가 유럽 전역에서 실시한 설문조사(2016년 4월)에 따르면, 72%가 카셰어링에 관심을 가지고 있으며, 55%는 자신이 소유한 차량을 카풀 등의 카셰어링에 활용할 의사가 있다고 답변했다.

2017년 미국 자동차 보험회사인 AAA(트리플에이) 분석에 따르면, 연간 8,000km 주행거리 기준으로 차량 소유 시 소요비용은 1만 2,700달러(약 1,400만 원)이다. 여기에는 자동차 감가상각비, 주유비, 주차비, 세금 등이 포함되어 있다. 카셰어링 서비스인 우버를 이용할 경우 소비자가 부담해야 할 금액은 절반 수준인 6,700달러 수준이다.

카셰어링 시장이 확산될 것으로 전망되는 이유는 자율주행과 결합해 더 효율적인 이동수단으로 자리매김할 것으로 보이기 때문이다.

카셰어링은 2025년 전후로 자율주행기술과 결합해 이용과 반납에 따른 불편함이 개선되고 노약자, 미성년자, 장애인 등 운전면허 미소지자로 사용자 저변이 확대돼 차량 가동률이 획기적으로 개선될 수 있기 때문이다.

또한 높은 가동률로 차량 구입비용, 주차비용, 세금 등 차량 이용비용 분담 효과 증대로 단위 거리당 카셰어링 이용비용이 현재보다 절반(약 46%) 가량 절감될 것으로 분석된다.

카셰어링이 확산되면 신차 판매에 직접적인 영향을 미칠 것이다. 현재 카셰어링 이용에 따른 불편함이 현저하게 줄어들어, 자동차 소비 중심이 소유에서 공유로 전환됨에 따라 카셰어링 업체의 차량 1대가 개인 소유 차량 9~13대를 대체할 것으로 전망된다.

이에 따라 인구 증가 및 산업화, 도시화로 인해 꾸준히 증가해 온 신차 판매는 카셰어링 서비스 이용의 보편화로 인해 성장세가 둔화될 수밖에 없다. 세계경제포럼(WEF)에 따르면, 2025년 미국 자동차 판매량이 현재 대비 40% 줄어들 것으로 보인다.

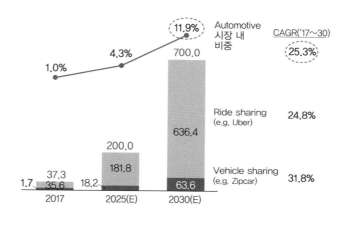

카셰어링 시장의 성장 전망

11.9%

4.3%

700.0

Automotive
시장 내
비중

1.0%

CAGR('17~30)

25.3%

Ride sharing
(e.g. Uber)

24.8%

636.4

200.0

181.8

Vehicle sharing
(e.g. Zipcar)

31.8%

37.3

1.7 35.6   18.2

63.6

2017   2025(E)   2030(E)

이 같은 자동차 산업 변화는 2025년 이후 카셰어링 사업자들
이 신차의 주구매자로 부상하는 것을 의미한다. 개인 차량 소유
자를 중심으로 구성된 보험, 세차, 정비 등 차량 관련 서비스 산
업 또한 카셰어링 사업자와의 거래를 중심으로 B2B 형태로 변
화될 것이다.

현재 자동차 보험은 자동차와 운전자가 결합된 상품 구성이
다. 하지만 카셰어링 서비스가 보급화될 경우 개별 운전자의 연
령, 사고 이력, 운전시간 등에 기반하여 세분화된 보험 서비스가

등장하게 된다.

자동차 보험업체들은 카셰어링 사업자와 협력을 통해 맞춤형 서비스를 제공하는 것이 핵심 경쟁력이 된다.

자율주행차량이 확산될 경우, 사고 책임은 차량 제조사에 전가될 가능성이 높다. 완전 자율주행차량이 상용화되면, 자동차 보험업체는 자동차 제조사와의 연계를 통해 보험서비스를 차량 판매 선택사양으로 제공할 수 있다.

또한 자율주행차량 보급이 확산될수록 차량 사고율은 급감할 것으로 예상된다. 자율주행에 관한 미국의 2040년 자동차 보험 시장 손해액은 2013년 대비 40% 감소할 전망이다.

카셰어링은 자원 효율적인 측면 이외에 대기오염과 교통체증을 완화하기 위해 국가 정책적으로도 추진되고 있다.

중국의 자동차 등록대수는 약 4억 대(2018년 기준)인데, 소득 수준이 증가하는 만큼 자동차 수요도 늘어나 정부차원에서 등록을 제한하고 있다. 베이징과 상하이 등의 일부 지역은 등록된 자동차만 통행을 허용할 정도로 강력한 제한 정책을 취하고 있지만 자동차 수요를 감당하지 못하고 있다.

이에 중국 정부는 대중 교통 인프라의 대규모 확장, 지능형 모빌리티 시스템과 함께 카셰어링을 통해 대기오염과 교통체증 문제를 해결하고 있다.

중국 카셰어링 서비스 디디추싱은 우버나 리프트에 비해 덜 알려져 있지만, 450만 명(2017년 기준)에 달하는 회원을 확보하고 있다.

03 커넥티드카의 확산에 집중하는 글로벌 자동차 업계

통신기술과 사물인터넷(IoT) 발달로 인해 자동차와 외부 인프라, 스마트 디바이스 간의 연결성이 확대된 '커넥티드카'가 등장하고 있다.

커넥티드카는 차량 내 탑재된 센서와 통신기능을 통해 다른 차량, 교통 및 통신 기반 시설과 연결, 차량 간 경고, 실시간 내비게이션, 원격 제어 등이 가능하다.

메르세데스 벤츠, BMW, 도요타, 폭스바겐, 현대기아차 등 글로벌 자동차업체들은 커넥티드카 시대를 대비해 자체 플랫폼을 구축하고 있고 통신사업자, IT 기업과 컨소시엄을 구성하고 있다.

비즈니스인텔리전스(BI)는 2020년 전 세계 자동차 생산량 (9,200만 대) 중 75%(6,900만 대)가 커넥티드카일 것으로 전망하고 있다.

커넥티드카는 이동수단 중심이었던 차의 성격이 생산성과 오락성으로 전환되는 것을 의미한다. 탑승자를 대상으로 한 쇼핑(전자상거래), 엔터테인먼트 산업이 성장하며 새로운 비즈니스 모델 및 수익원을 창출할 것으로 기대된다.

카셰어링과 마찬가지로 커넥티드카는 자율주행과 결합해 새로운 부가가치를 만들 것으로 보인다.

2025년을 기점으로 자율주행차량이 보급화되면, 운전자는 주행에 집중할 필요가 없어지므로 차량은 이동수단이 아니라 여가시간을 보내는 공간으로 바뀌게 된다.

결국 자동차는 자동차가 이동수단에서 PC와 스마트폰처럼 인터넷 기반의 새로운 서비스를 제공하기 위한 디바이스로 바뀐다.

이미 중국 알리바바는 커넥티드카를 새로운 인터넷 플랫폼으로 정의하고 있으며, 스마트폰처럼 자동차 또한 OS를 중심으로 설계돼 자동차 기능의 80%가 교통수단과 무관한 서비스가 될 것으로 예상하고 있다.

블록체인 기반 카셰어링의 확산 04

카셰어링은 수퍼플루이드 환경에서 효율과 보안이 강화된 신 공유경제 방식으로 전환될 것이다. 현재 우버와 리프트로 대표 되는 카셰어링 서비스는 블록체인을 기반으로 더 효율적이고 안 전한 방식으로 변신 중이다.

블록체인을 기반으로 하는 카셰어링 서비스는 사업자와 소비 자 또는 소비자 간 안전하고 투명한 거래를 가능하게 해 카셰어 링 시장을 다시 한 번 재편할 것이다.

현재 카셰어링 업체들과 달리 카드사 및 은행 등 제도권 금융기관을 거치지 않고 실시간, 저비용 거래가 가능해 카셰어링 사업자들이 서비스를 쉽게 확장하고, 소비자들 편리성도 개선할 수 있다.

특히, 현재 차량 공급사(OEM), 카셰어링 사업자, 보험사, 정비소, 소비자 간 각각 격리돼 있던 거래가 단일 플랫폼에서 이루어지고 모든 거래가 가상화폐를 기반으로 '심리스(Seamless)'하게 이루어져 실시간으로 거래내역을 추적할 수 있게 된다.

또한 카셰어링 사업자는 소비자의 차량 대여일자 변경에 따라 차량의 정비, 세차 스케줄, 보험가입 일정 등 관련된 활동 및 거래 또한 연쇄적으로 변경할 수 있다. 블록체인을 기반으로 한 차량 분산 소유 서비스 업체 '페어(Fair)'는 다수의 차를 다수의 고객이 공동 소유하게 한다. 차량 이용 정보는 실시간으로 블록체인 플랫폼에 기록돼 관리된다. 차량에 문제가 발생할 경우, 이력을 추적할 수 있어 투명하게 관리할 수 있다.

이렇게 기록된 데이터를 기반으로 사용 실적에 따라 차량 구입비 및 운영비용을 정산하게 된다. 위 · 변조가 불가능한 블록체인을 통해 실시간으로 이용내역이 기록되기 때문에 공동소유자들은 이용요금에 대해 신뢰할 수 있고 이용요금의 결제도 간편하게 진행된다.

페어는 자사 서비스를 사용할 경우 차량 소유비용이 기존 대

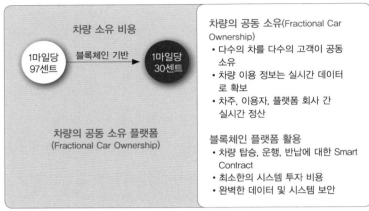

블록체인 기반 카셰어링 서비스

fair

차량 소유 비용

1마일당 97센트 → 블록체인 기반 → 1마일당 30센트

차량의 공동 소유 플랫폼
(Fractional Car Ownership)

차량의 공동 소유(Fractional Car Ownership)
• 다수의 차를 다수의 고객이 공동 소유
• 차량 이용 정보는 실시간 데이터로 확보
• 차주, 이용자, 플랫폼 회사 간 실시간 정산

블록체인 플랫폼 활용
• 차량 탑승, 운행, 반납에 대한 Smart Contract
• 최소한의 시스템 투자 비용
• 완벽한 데이터 및 시스템 보안

비 30% 수준으로 줄어들 것이라고 밝히고 있다.

자동차 산업에서 핵심 경쟁력이 하드웨어에서 소프트웨어와 서비스로 바뀌는 시점에 맞춰 관련 업체들은 저마다 해결책을 찾고 있다. 여기에 자동차에 대한 인식이 소유가 아닌 사용으로 전환되면서 카셰어링 업체도 자동차 시장에 뛰어들고 있다.

복잡성은 증가했지만 자동차의 핵심 가치인 '이동성'은 변하지 않는다. 자율주행차가 등장해도 더 빠르고, 편하게, 그리고 안전하게 이동성을 제공하는 업체가 미래차 시장에서 주도권을 잡을 수 있다.

2

밸류체인 파괴로
전장(Battlefield)이 된
유통/물류산업

제조사, 유통사, 소비자로 형성된 유통산업의 밸류체인이 수퍼플루이드 시대에 파괴되고 있다. 제조사는 직접 유통을 하고, 유통사는 자체 브랜드 상품을 개발하는 등 서로의 영역을 침범하고 있다. 심지어 소비자는 제조사와 유통사가 만든 제품을 사용하는 데 만족하지 않고, 자신이 필요한 제품을 직접 기획, 제작하는 데 적극적으로 참여하는 모양새이다.

이런 밸류체인의 변화는 최대한 수익과 만족도를 확보하려는 과정에서 발생하고 있다. 이렇게 각 구성원들이 변할 수 있는 것은, 기존에는 불가능했던 상대의 역할이 디지털 기술로 구현 가능했기 때문이다. 어떻게, 얼마나 변할지는 미지수이지만 가장 빠르게 변하는 쪽이 이길 확률이 높다.

유통산업은 이미 성숙 단계를 지나고 있다. 과거 5년 동안 낮은 성장세를 이어가고 있으며, 전통 유통강자들의 시가총액이 하락하고 폐쇄 점포수가 급증하는 등 격변의 시기를 맞이하고 있다.

글로벌 유통산업의 성장세는 2017년 기준 3.5%로 과거 5년간 약 3%대를 유지 중이다. 2017년 기준 크레딧스위스 조사에 따르면, 최근 3년간 미국 소매점 폐쇄 점포수는 1만 5,000곳으로 이전 3년 대비 약 3배 가량 증가했으며, 토이저러스(Toys'R'us), 라디오색(Radio Shack)이나 시어스(Sears) 등 기업이 파산신청을 하는 등 전반적으로 오프라인 매장들이 어려움을 겪고 있다.

유통업의 정체는 제조업에도 새로운 성장 동력을 찾아야 한다는 과제를 주고 있다. 일부 기업들은 E커머스(E-Commerce) 플랫폼 등 자체적으로 유통 채널을 만들어, 소비자와 거리를 좁히기 시작했다. 제조와 유통, 소비자를 구성하는 밸류체인이 불안정해지면서 변화에 나선 것이다.

이는 유통업체도 마찬가지다. 유통업체들은 동종, 이종업계 간 경쟁이 심화됨에 따라 새로운 먹거리를 찾기 위한 노력을 지속해왔다. 유통업체들은 PB상품(Private Label Product, 자체 개발 상품) 개발, 판매를 통해 제조업 영역을 침범해온 바 있으며, 최근에는 유망 산업의 제조업체를 직접 인수하는 등 적극적으로 성장을 위한 돌파구를 마련하고 있다.

밸류체인에서 마지막 단에 있는 소비자 또한 기술 발전으로 직접 생산단계에 참여해 자신의 아이디어나 취향을 제품생산에 반영하는 등 적극적으로 변하고 있다.

시장이 형성된 이후 구성원들은 생산, 유통, 소비 등 서로의 영역에서 변화를 해왔지만, 최근 밸류체인 간 경계가 희미해졌다. 각 구성원의 역할을 대체할 수 있는 디지털 기술이 확산됨에 따라 유통산업 생태계 구성원들의 전통적 역할도 다양한 형태로 바뀌고 있다.

산업 간 영역 붕괴에 따른 제조-유통의 시대 도래

01

유통업이 정체되면 제조사 또한 도매와 소매로 이루어지는 기존 사업 모델로는 매출과 수익성이 낮아지는 문제가 발생한다. 이에 따라 제조사는 온라인, SNS 등 자체 채널을 통해 기존 유통사를 건너뛰고 소비자에게 직접 판매하는 이른바 '소비자 직접 연결(DTC, Direct-to-Consumer)' 모델을 적극 활용해 수익성 개선을 도모하게 된다.

일반적으로 DTC 모델 도입 시 유통업체 마진을 추가로 확보할 수 있기 때문에 유통업 성장 정체에 따른 매출, 수익성 확보

❶ 제조사의 유통업 진출
자체 채널을 통해 기존 유통사를 건너뛰
고 소비자에게 직접 판매

❷ 유통사의 제조업 진출
유망 사업에 대해 선제적으로 대응하기
위해 관련 제조업 인수

❸ 제조사와 소비자 간 경계 붕괴
소비자가 아이디어를 기반으로 하여
직접 생산단계에 참여

가 가능하다.

나이키는 DTC를 적극적으로 활용하고 있는 업체 중 하나다. 나이키는 매출과 수익성 하락을 위해 기존 판매방식에서 벗어나 DTC 부문에 집중하고 있다.

나이키는 고객들이 온라인 쇼핑몰 대신 자사 웹사이트로의 방문을 유도하기 위해, 홈페이지에서 상품을 커스터마이즈 할 수 있는 커스텀 섹션(Customized Section)을 제공하는 등 차별화에 집중했다. 나이키는 자체 웹사이트, SNS 채널을 활용한 DTC를 통해 기존 도매 판매 대비 4배 수준의 판매성장률을 달성했다.

나이키의 DTC 매출액은 2015년 66억 달러에서 2020년 160억 달러로 5년간 약 3배 가량 증가할 것으로 전망된다.

자체 오프라인 매장과의 연계도 한몫했다. 온라인으로는 방문자에게 전체 상품 카테고리를 제공하는 무한매대(Endless Aisle)와 커스텀 섹션으로, 온라인을 꺼려하는 소비자에게는 제품을 온라인으로 구매하고 가까운 나이키 매장에서 수령할 수 있는 전략을 통해 DTC 효과를 극대화했다.

유통업체는 동종, 이종업계 간 경쟁이 심화됨에 따라 유망 사업에 대해 선제적으로 대응하기 위해 관련 제조업을 인수하여 돌파구를 마련하고 있다.

중국 알리바바는 증가하는 중국 내 홈퍼니싱 시장에 관련 업체를 인수해 직접 대응하고 있다. 알리바바는 홈퍼니싱 시장 공략을 위해 2018년 2월 중국 2위 가구업체 '거연지가(쥐란즈자·居然之家)'의 지분 15%를 약 9,000억 원에 인수했다. 홈퍼니싱(Home Furnishing)은 집을 뜻하는 '홈(Home)'과 꾸민다는 '퍼니싱(Furnishing)'을 합친 말로 소형가구와 조명, 인테리어 소품 등을 활용해 스스로 집을 꾸미는 것이다.

중국에서는 1인 가구가 급증하고 주거공간을 꾸미려는 젊은 세대가 늘어나면서 홈퍼니싱 부문이 큰 폭으로 성장해 약 32조

원(2015년 기준 2,000억 위안)에 달했으며, 지속적으로 증가하고 있다. 2015년 중국 1인 가구는 2015년 7,442만 가구로 전체 가구 형태의 16.1%를 차지했지만, 2025년에는 1억 가구를 돌파할 것으로 전망돼 홈퍼니싱 시장도 급성장할 것으로 전망된다.

1인 가구가 증가하는 우리나라도 홈퍼니싱 시장이 각광받자 신세계, 현대백화점 등 대형 유통사가 가구업체를 인수하는 방식으로 사업을 확대하고 있다. 신세계백화점은 2018년 1월 가구업체 까사미아를 1,837억 원에 인수했다. 회사는 향후 국내 가구, 인테리어 시장 규모가 최대 20조 원까지 성장할 것으로 예측하고, 가구업체 인수를 통해 시장에 빠르고, 직접 대응할 수 있게 됐다.

제조사와 소비자 간 직거래 확산 (P2P 생산 플랫폼)

제조업체와 유통업체가 수익성을 향상시키기 위해 변신하는 것처럼 소비자들도 제품 기획, 개발에 직접 참여하는 형태로 바뀌고 있다.

최근 소비자는 자기 취향과 개성이 강하며, 자신이 원하는 성향과 특성이 상품과 서비스에 반영되길 원하고 있다. 이들은 브랜드가 자신의 입맛에 맞는 제품을 내놓기를 기다리지 않고 직접 생산단계에 참여하는 등 적극적인 모습을 보이고 있다.

최근에는 3D 프린팅 등 제조기술이 발달하면서 기술이 없는 소비자 또한 아이디어만으로 직접 상품 제작에 참여할 수 있게 되었다. 이렇게 소비자 간 생산과 구매가 직접 이루어지는 P2P 생산 플랫폼의 등장으로 인해 제조사, 유통사의 고유 영역이 바뀌고 있다.

온라인 공유로 빠르게 확산하는 3D 프린터 산업, 메이커봇(Maker Bot + Etsy)

_____ 메이커봇(Makerbot)은 2009년 설립된 3D 프린터 제조업체로, 저렴한 비용의 자체 3D 프린터를 장점으로 10만 대(2016년 기준)에 달하는 3D 프린터를 판매했다. 메이커봇은 3D 프린터 확산을 위해 노하우 공유 플랫폼 '씽기버스(Thingiverse)'를 활용해 사용자들이 3D 프린터 설계도와 관련 아이디어를 다른 사용자와 공유할 수 있도록 했다.

회사는 여기에서 그치지 않고 3D 프린터로 만든 완제품을 핸드메이드 P2P 온라인 마켓 플랫폼 '엣시(Etsy.com)'를 통해 판매할 수 있도록 했다. 메이커봇은 자사 3D 프린터 구매자들이 서로 노하우를 공유하고, 3D 프린터로 만든 제품을 판매할 수 있도록 유도해 더 많은 3D 프린터를 판매할 수 있었다.

크라우드 소싱 기반 아이디어 플랫폼
쿼키(Quirky)

_____ 2009년 설립된 '쿼키'는 크라우드 소싱 기반 아이디어 플랫폼으로 2018년 기준 약 120만 명의 회원을 확보했다.

쿼키는 회원 중 누구든지 아이디어를 제출하면, 다른 회원의 의견과 쿼키 자체 제품 평가 방식을 통해 일정 기준을 통과할 경우 실제로 제품을 만드는 서비스다. 제품화 과정 중 참여한 사람의 영향력을 수치화해 종합 점수에 따라 판매 수익의 일부를 보상하고, 제품생산에 채택되면 특허 등록을 지원하는 등 소비자가 직접 참여할 수 있도록 설계됐다.

2018년 6월 기준 약 30만 개의 아이디어가 제품으로 만들어졌으며, 아이디어를 내거나 제품 생산에 참여한 사람들에게 돌아간 누적 보상 액수는 1,100만 달러(약 125억 원)에 달한다. 이같은 시스템은 회원들이 더 나은 아이디어, 더 나은 제품 개발에 참여할 수 있게 동기부여한다. 기존 제조업은 기업이 수요를 찾아 제품을 기획, 개발, 판매하는 프로세스로 진행됐지만, 쿼키는 소비자가 다양한 사용자 경험을 반영해 제품을 개발하는 생산자 역할을 하는 선순환 구조로 운영된다.

차세대 아마존,
수수료 무료
오픈마켓 플레이스
'오픈바자르(Open Bazaar)'

현재 유통업은 밸류체인 내 구성요소인 제조업체와 유통업체, 소비자 사이의 경계가 허물어지는 과정에 있다. 그동안 제조업체는 제조만, 유통업체는 유통만 담당하는 불문율이 있었고, 서로의 영역을 넘는 것은 금기였다. 하지만 경쟁자들이 많아지고 시장이 바뀌면서 제조업체와 유통업체는 서로의 영역을 침범하고 있다. 그동안 구분되었던 분야에 직접 뛰어들 수 있는 것은 디지털 기술의 발달로 서로의 역할을 대체할 수 있게 됐기 때문이다.

초디지털 사회인 수퍼플루이드 시대에는 이 경계가 완전히 사라질 것으로 전망된다. 즉 제조업, 유통업, 플랫폼업이 모두 존재하지 않는 중간 거래자가 완전히 소멸된 형태가 될 것이며, 블록체인을 기반으로 각 개인 간 거래가 이루어지는 마켓이 탄생한다. 이미 블록체인 기반 P2P 오픈마켓이 등장했으며, 이 업체들은 블록체인을 이용해 수수료를 최소화하거나 암호화폐를 이용해 수익을 내는 형태로 진화하고 있다.

완전한 자유경제시장을 추구하는 오픈바자르는 2016년 캐나다에서 설립된 블록체인 기반 P2P 오픈마켓이다. 아마존이나 이베이와 같이 자체 플랫폼이 아닌 오픈소스 기반으로 운영된다.

거래가 이루어질 경우 일정 비율의 수수료를 지불하는 기존 마켓플레이스와 달리 거래 시 플랫폼에 지급하는 별도 수수료가 없다. 이를 통해 판매자는 더 낮은 가격에 제품을 판매할 수 있고, 구매자는 더 저렴하게 상품을 구매할 수 있어 빠르게 성장하고 있다.

오픈바자르와 기존 온라인 마켓플레이스의 차이점은 기본 운영방식에서도 다르다. 아마존, 이베이 등 전자상거래 업체는 중앙통제 하에 운영된다. 판매자와 구매자는 자신의 개인정보를 제공해야 회원으로 등록할 수 있다. 이용자들이 판매할 수 있는 상품 종류, 판매 규모가 정해져 있으며 판매액의 약 10% 가량은 마켓플레이스에 내야 한다. 이 수수료는 판매자가 내는 것 같지만, 실제로는 제품가격에 포함되어 있기 때문에 판매자와 소비자가 나눠서 부담하는 셈이다. 방식은 바뀌었지만, 과거 오프라인 시장과 기본적으로 차이가 없다.

반면 오픈바자르는 플랫폼상 거래 데이터, 사용자 정보 등이 중앙집중식으로 관리되지 않기 때문에 보안에 더 유리하다. 이용자들은 개인 주소, 연락처, 신용카드 등 개인정보를 제공할 필요가 없다. 사용자들의 개인정보과 거래내용은 블록체인 방식으로 분산 관리된다.

오픈바자르는 비트코인(Bitcoin), 라이트코인(Litecoin), 이더리움(Ethereum), 모네로(Monero), 비트코인캐시(Bitcoin Cash) 등 암호화폐로 결제하기 때문에 신용카드 수수료 등도 없다. 오픈바자르의 수익모델은 P2P 거래를 통한 광고, 자체 암호화폐 공개 등을 통해 추구하고 있고, 이 같은 잠재력을 인정받아 2018년 초 시리즈 A 투자에서 500만 달러를 확보했다.

수퍼플루이드 시대의
물류 패러다임 변화

04

시장은 제조와 유통, 소비자로 구성되어 있지만 이 구성원들은 물류로 연결되어 있다. 물류는 제품 생산과 유통에서 큰 원가를 차지하는 부분이다. 최근에는 쇼핑이 온라인 중심으로 이동하면서 단순히 비용뿐 아니라 제품이 생산되어 최종 소비자에 도달하는 시간까지 제품 본질의 경쟁력에 영향을 미치고 있다.

수퍼플루이드 시대의 물류는 로봇이나 자율주행 머신에 기반한 무인화, 블록체인에 기반한 물류 네트워크 신뢰성 증대를 통해 기존 물류방식과 전혀 다른 형태의 디지털 혁신이 이루어질 것으로 전망된다.

물류비용은 각 국가, 산업 인프라가 얼마나 잘 구축됐는지에 따라 원가에 차지하는 비중이 다르다. OECD 국가의 경우 제품 가격의 8~10%, 남미 등 비(非) OECD 국가는 대략 15~20%를 물류비용으로 지출한다. 높은 물류비용은 혁신을 할 수 있는 가능성이 그만큼 더 높다는 것을 의미한다. 이 때문에 제조, 유통 업체들은 물류 프로세스 개선을 통해 차별화하고 수익 확보를 도모하고 있다.

유통업의 근간(Backbone)인
물류업의 기술 혁신

_____ 지난 10년간 온라인 전자상거래 시장의 급성장 으로 물류산업 또한 급격히 성장 중이며 보관부터 배송에 이르 기까지 초디지털화가 진행되고 있다.

온라인 쇼핑은 태생적으로 상품의 배송 서비스를 필요로 한 다. 공장에서 창고, 오프라인 매장으로 이르는 과거 물류의 밸류 체인은 공장에서 창고, 물류센터에서 택배로 변화하고 있다.

전통적인 제조사들은 유통부문을 전문업체에 전담시켰다. 하

Ocado는 CFC 설립으로 운영효율 4배, 배송기간 2배 이상 단축

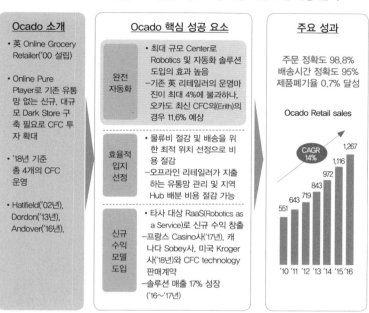

Ocado 소개
- 英 Online Grocery Retailer('00 설립)
- Online Pure Player로 기존 유통망 없는 신규, 대규모 Dark Store 구축 필요로 CFC 투자 확대
- '18년 기준 총 4개의 CFC 운영
- Hatifield('02년), Dordon('13년), Andover('16년),

Ocado 핵심 성공 요소

완전 자동화
- 최대 규모 Center로 Robotics 및 자동화 솔루션 도입의 효과 높음
- 기존 英 리테일러의 운영마진이 최대 4%에 불과하나, 오카도 최신 CFC의(Erith)의 경우 11.6% 예상

효율적 입지 선정
- 물류비 절감 및 배송을 위한 최적 위치 선정으로 비용 절감
- 오프라인 리테일러가 지출하는 유통망 관리 및 지역 Hub 배분 비용 절감 가능

신규 수익 모델 도입
- 타사 대상 RaaS(Robotics as a Service)로 신규 수익 창출
- 프랑스 Casino사('17년), 캐나다 Sobey사, 미국 Kroger 사('18년)와 CFC technology 판매계약
- 솔루션 매출 17% 성장 ('16~'17년)

주요 성과

주문 정확도 98.8%
배송시간 정확도 95%
제품폐기율 0.7% 달성

Ocado Retail sales

CAGR 14%

551 643 719 843 972 1,116 1,267

'10 '11 '12 '13 '14 '15 '16

지만 주문부터 배송에 이르는 '리드타임(Lead Time)'을 최소화하는 것이 유통업의 핵심 성공 요소로 부각됨에 따라, 아마존, 이베이, 쿠팡 등 온라인 유통업체들은 주요 거점에 대형 물류센터를 구축해 자체 운영하고 있다.

세계에서 가장 큰 온라인 전용 식료품 소매점인 '오카도 (Ocado)'의 경우, 오프라인(In-store 모델) 매장 운영으로 인해 발생되는 높은 부동산 유지비용, 규모 확장의 한계 등 문제점을 해결하기 위해 배송 서비스에 최적화된 위치에 대형 Dark Store 인 CFC(Central Fulfillment Center, 자동화 물류창고)를 설립하였다. 고객이 없는 Dark Store 운영을 통해 오카도는 오프라인 매장 운영 시 분산되는 자원들을 물류에 집중하였고, 로보틱스 (Robotics) 등의 자동화 기술 도입을 통해 주문 및 배송시간 정확도가 향상되고 제품폐기율은 낮아지는 효익을 달성하였다.

세계 최대 전자상거래 기업 아마존은 물류비용 최적화를 위해 물류창고의 자동화에 막대한 자금을 투입하고 있다. 아마존은 2012년 8,000억 원 이상을 들여 '키바(Kiva)' 물류 로봇시스템을 도입해 초기 물류비용을 20% 이상 절감했다.

아마존은 2014년 기준 미국 내 13개 물류센터에 1만 5,000여 대의 로봇을 시범 도입했으며, 로봇 도입을 지속적으로 확대하고 있다. 키바 로봇은 재고관리, 포장, 출고 과정에서 제품의 이동을 자동화하는 로봇이다. 온라인으로 주문이 들어오면 아마존 물류센터에 있는 주문 상품을 찾아내 포장 작업자에게 전달하고, 포장이 완료되면 출고구역까지 이동시킬 수 있다. 물건의

적재, 탐색, 이동이 자동화돼 신속하고 정확한 출고가 가능하다.

또한 제품의 이동내역을 통해 실시간 재고관리가 가능하다는 것도 장점이다. 물류 로봇 도입은 초기 비용이 높다는 것이 단점이지만, 아마존은 자체적으로 개발한 로봇 도입을 통해 물류비용 절감이 가능하다. 아마존은 물류창고 자동화뿐 아니라 배송까지 무인화를 통해 물류비용을 절감하고 있다.

아마존은 2016년 미국 시애틀에 무인 식료품점 '아마존고(Amazon Go)'를 열었다. 아마존고는 소비자가 앱을 이용해 매장에 들어가 물건을 선택해서 나오면 별도의 계산절차 없이 결제가 자동으로 이루어진다. 점원은 없지만 매장 내 설치된 카메라와 센서가 소비자가 선택한 물건을 인식해서 자동으로 결제가 된다.

아마존고의 핵심 기술은 다양한 센서를 통해 들어오는 정보를 분석하는 인공지능과 물품을 인식하는 센서 기술이다. 아마존은 향후 아마존고에 사용하는 인공지능과 센서 기술을 개선해 자율주행 배송트럭도 개발할 계획이다. 자율주행 배송트럭이 개발될 경우, 아마존은 물품의 조달, 판매, 배송까지 무인화해 유통에 필요한 비용과 시간을 혁신적으로 줄일 수 있을 것으로 예상된다.

블록체인으로 장착된
물류 네트워크

_____ 기업 간 거래는 대부분 역외거래(국제 금융시장에서 非거주자 사이에 자금의 공여나 차입이 이루어지는 거래)이며 역외거래의 90%는 해상운송으로 거래된다. 해상물류는 대량의 물품과 대규모 자금이 거래되는 특성상 실제 제품을 운반하는 물류기업 이외에도 손해보험사, 재보험사, 수출 통관을 담당하는 관세당국 등 10여 개 이상의 회사와 조직이 관여된다.

참여사의 상당수는 제품의 수량과 품질을 검증하고 확인해주는 대가로 수수료를 청구하는데, 이런 절차가 추가됨에 따라 물류 서비스의 속도는 느려지고, 비용은 증가한다. 이 같은 문제를 해결하기 위해 참여자들이 정보를 공유하는 통합 물류시스템 도입이 여러 차례 추진됐으나, 사기사건 등 부작용이 발생해 번번이 무산됐다.

이런 문제점을 해결하기 위해 수퍼플루이드 시대의 물류 네트워크는 복잡성과 위·변조를 할 수 없는 방식으로 추진되고 있다. 물류 네크워크에 블록체인을 사용하면 위·변조가 불가능하며 민감한 데이터를 토큰으로 대체해 주고받는 토크나이제이션(Tokenization)을 활용하면 스마트 계약과 빠른 대금 지급이 가능하다. 토크나이제이션은 일정 조건이 충족됐을 때, 중간 점검 절차 없이 디지털 토큰을 통해 거래가 이루어지는 방식이다. 이 방식을 적용하면 물류 과정에서 배송 여부를 확인하고 대금을 청구하는 절차가 사라지게 돼, 물류의 복잡함과 안정성이 혁신적으로 바뀔 수 있다.

현재 물류 부문 정보는 대부분 종이 문서에 의존하는데, 이 부분도 블록체인으로 대체할 수 있다. 해양물류의 경우, 선적 한 건당 평균 30개 기관이 결제해야 하며, 양식이 일부라도 분실되면 컨테이너선의 출항이 지연되고 전체 물류 일정이 연장되는 문제가 발생한다. 이런 과정에 블록체인을 이용하면 종이 서류들은 암호화되어 투명하게 보관 · 열람할 수 있게 된다. 신뢰성에 대한 문제와 느린 속도를 해결해 다양한 거래자와 참여자가 안전하고 신속한 거래를 할 수 있다.

머스크(MAERSK)의
해상보험 플랫폼

━━━━━━━━━ 세계 최대 해운사인 머스크는 블록체인 기반 해상보험 플랫폼을 구축해 물류 체계 혁신을 선도하고 있다. 머스

머스크의 블록체인 기반 해상보험 플랫폼 도입

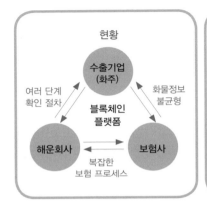

현황

수출기업
(화주)

여러 단계
확인 절차

화물정보
불균형

블록체인
플랫폼

해운회사 ◀──▶ 보험사

복잡한
보험 프로세스

디지털 플랫폼 구축의 효과

• guardtime "블록체인 기반 해상보
  험 플랫폼 구축"

• 분산원장 기반 신뢰 제고

• 보험금 청구 프로세스 간소화

• 시스템 IT 비용 절감

크는 EY, 소프트웨어 보험업체인 가드타임과 협업을 지속해왔으며, 이를 토대로 2018년 5월 블록체인 기반 해상보험 플랫폼 '인슈어웨이브(Insurwave)'를 만들었다.

인슈어웨이브는 화주가 물건을 발주 시, 그 내용을 화주, 제조사, 해운사, 항만, 창고, 세관이 공유해 운송절차가 진행되는 과정이 투명하게 공개된다. 블록체인 방식이기 때문에 일부 주체가 데이터를 변경하거나 없앨 수 없으며, 참여자들이 관련 자료를 실시간으로 열람할 수 있다. 화물이 사고로 인해 파손이나 분실될 경우, 보험사는 블록체인 장부를 통해 사고사실을 열람한

후 즉시 보상처리를 진행해 2일 이내 보험금 지급이 완료된다. 이는 과거 보험청구부터 사정까지 한 달 이상 기간이 소요된 것과 비교해 혁신적으로 기간을 줄인 것이다. 기간을 2일 이내로 단축할 수 있는 것은 블록체인 기반 데이터를 통해 보험사의 실사 절차를 대폭 간소화할 수 있기 때문이다.

인슈어웨이브는 1년 내 50만 개가 넘는 자동화된 원장거래를 지원할 예정이며 1,000개 이상의 상업용 선박 리스크 관리에 적용할 예정이다.

블록체인 기반 와인 물류 시스템 '트래키(Trackey)'

_____ EY 이탈리아 오피스는 블록체인 기반의 와인 물류 정보 시스템 '트래키(Trackey)'를 개발했다. 트래키는 식품에 적용된 최초의 블록체인 시스템이다.

트래키는 포도가 재배되는 시점부터 와인이 숙성되고, 병에 담겨 시중에 유통되기까지 모든 정보를 수집하고 암호화해 저장한다. 와인의 제조부터 유통까지 관여하는 참여주체들이 실시간으로 와인 관련 정보에 접근할 수 있으며, 포도의 재배현황,

포도 재배, 포도주 생산, 병입 및 유통까지 전 과정의 정보를 관리한
전 세계 최초 Wine Certification 플랫폼 도입

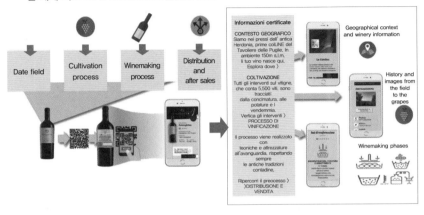

와인 제조현황, 유통 현황을 분석해 의사결정에 반영할 수 있다.
와인 소비자는 와인에 부착된 QR코드를 통해 와인에 대한 모든
정보를 열람할 수 있게 된다. 위·변조가 불가능한 블록체인을 통
해 소비자는 믿을 수 있는 와인을 구입할 수 있고, 와인 생산자는
트래키를 사용하지 않는 다른 와이너리와 차별화할 수 있다.

전자상거래가 활성화되면서 유통과 물류의 역할은 더 중요해
졌다. 지역과 국가를 넘어선 거래가 늘어나면서 전자상거래 업

체들도 대응 범위와 복잡성이 훨씬 커졌다. 이를 해결하기 위해 일부 업체는 물리적인 작업은 로봇으로, 서류작업이나 계약, 인증과 같은 작업은 블록체인을 이용한 자동화 과정으로 대체하고 있다. 보험 계약, 확인 절차도 자동화할 수 있다. 불필요한 과정은 배제하고 최대한의 효율을 낼 수 있는 시스템 구축이 수퍼플루이드 시대 유통과 물류 부문에서 경쟁력을 확보할 수 있는 방법이다.

3

디지털화로 생존을
위협받는 금융업

수퍼플루이드 시대 각 산업들의 지형이 바뀌고 있지만, 특히 금융산업은 생존이 위험할 정도로 변화가 진행될 것이다. 이전까지 금융사는 정부 규제 안에서, 안전하게 동종업계끼리 경쟁하는 모습을 보였다.

하지만 디지털 기술을 활용한 핀테크 기업들이 등장하면서 그 존립을 위협받고 있다. 상품이 아닌 서비스로 구성된 금융업은 디지털화가 쉬운 부문이다. 그러나 기존 금융업체들은 새로운 디지털 기술에 보수적으로 대응해왔다.

앞으로 대형 금융사들은 규모의 경제를 바탕으로 플랫폼 기업으로 변화하지 않으면 살아남기 힘들 것이다. 중소형 사업자들은 증권, 송금, 부동산, 보험 등에서 차별화된 경쟁력을 확보하지 못하면 도태될 것이다.

금융업의 본질을 바꾸는 수퍼플루이드

금융업은 물리적인 실체를 가진 제품을 생산하는 것이 아니라 서비스 중개를 통한 수수료로 수익을 올리기 때문에 중개인이 사라지는 수퍼플루이드 시대의 도래는 금융업의 본질을 바꿀수 있다. 이 때문에 금융사들은 단순 혁신안을 마련하는 것이 아니라 산업의 존폐위기로부터 생존 전략을 마련해야 한다.

과거 금융업은 넓은 지점망, 대출심사 전문성, 규제 산업(신용공급, 국채발행 등)으로 정부의 보호를 받아왔고, 금융소비자의 높은 충성도 등으로 인해 다년간 우월적인 지위를 유지하며 성장해왔다. 1984년부터 2007년까지 약 20년 동안 미국 은행 평균 자기자본이익률(ROE)은 13%에 달한다.

그런데 치열한 경쟁을 통해 새로운 혁신을 추구해온 다른 산업에 비해 금융업은 전체적으로 배타적인 특성을 보여왔다.

이 때문에 금융업은 최근 급속히 신뢰가 저하됐고, 금융과 IT를 결합한 핀테크 업체들이 등장하면서 역사상 처음으로 존립을 위협받는 구조변화 시기에 직면해 있다. 정부 규제 안에서 보호받았던 부분은 다른 산업에 비해 혁신을 받아들이는 능력이 낮다는 약점으로, 물리적인 실체가 없다는 장점은 쉽게 디지털화된다는 약점으로 바뀌었다. 이 때문에 금융업은 동종업계뿐 아니라 IT를 바탕으로 한 새로운 경쟁자들에게 빠르게 추격당하며 재편되고 있다.

금융업 내
디지털 가격 혁신

금융업은 작은 사고가 막대한 손실로 이어질 수 있어 디지털 기술에 상대적으로 보수적인 입장을 취했다. 그러나 핀테크 기업들과 같이 비전통적 금융 사업자들이 시장에 속속 진출하며 금융 전반의 디지털 혁신이 빠르게 이루어지고 있다.

수퍼플루이드 시대에는 금융서비스 제공 과정에서 금융 전문가의 개입이 줄어들고 서비스 절차의 상당 부분을 사람이 아닌 프로그램이 대신하게 된다. 서비스 가격은 대폭 인하되고 금융기관이 일방적으로 서비스를 제공하던 방식에서 벗어나 소비자 또한 자신에게 맞는 금융상품을 구성할 수 있게 돼 금융부문에서 큰 변화가 진행되고 있다.

금융산업은 대표적인 규제 산업으로 정부가 소수의 기관에 허가를 내주고 금융기관은 송금, 금융상품 중개 등의 서비스를 제공하며 높은 수수료 수익을 거둬왔다.

그러나 최근 디지털 기술 발달로 인해 수수료를 아주 낮게 또는 받지 않는 신규 핀테크 사업자가 등장하며 전통적인 금융사업자를 위협하고 있다.

해외송금 P2P플랫폼,
트랜스퍼 와이즈(TransferWise)

_____ 글로벌 주요 은행의 해외 송금 서비스 수수료는 평균 10%에 이르지만 2011년 창업한 영국 핀테크 기업 '트랜스퍼 와이즈'는 P2P 플랫폼을 활용해 해외 송금수수료를 송금액의 0.5~1.5%까지 낮췄다.

기존 해외 송금은 돈을 보내는 전신료, 중계은행과 현지은행 수수료를 부담해야 한다. 은행들은 고시 환율에 수수료를 얹은 환율을 적용하기 때문에 수수료는 더 높아진다.

하지만 트랜스퍼와이즈는 각 국가별 수요자와 공급자를 직접 연결시켜 해외로 송금하지 않고, 해당 국가에서 사용자끼리 송금하는 사업모델로 수수료를 낮췄다.

예를 들어, 미국에서 한국으로 송금하려는 사람이 있으면, 한국에서 미국으로 송금하려는 사람을 매칭해 실제로 송금이 이뤄진 것과 같은 효과를 낸다. 또한 송금에 걸리는 시간이 3일 가량 걸리는 은행 송금에 비해 영업일을 1~2일로 줄였다. 회계연도 기준으로 2016년 트랜스퍼와이즈 매출액은 4,000만 달러에서 2018년 1억 5,100만 달러로 수직 상승했다.

수수료 제로 온라인 증권사,
로빈후드(Robinhood)

_____ 증권사의 주 수익원은 주식체결 업무인 중개(Brokerage) 서비스를 제공하고 거래금액 또는 건수에 따라 받는 수수료, 펀드 판매 수수료 등이다. 하지만 2013년 미국 실리콘밸리에 설립된 로빈후드 증권사는 미국 주식과 상장지수펀드(ETF) 등 중개수수료 제로를 선언하며 업계에 반향을 불러일으켰다. 로빈후드는 스마트폰과 PC로 증권거래를 할 수 있는 온라

인 전용 증권사로, 건당 7~10달러의 수수료를 받는 기존 증권사와 달리 일반 주식거래수수료가 무료다. 반면 미국 외 주식거래, 유럽과 캐나다 증권거래에는 수수료를 받는다. 여기에 고객예치금과 주식을 이용한 투자와 대출, 대차거래 등을 통해 수익을 낸다. 암호화폐 거래소도 운영하고 있다. 회사는 2015년 주식거래가 20억 달러였지만, 2017년에는 300억 달러로 폭증했다. 가입자도 300만 명(2017년 기준)을 넘어섰다.

빅데이터 기반 자산관리 서비스,
베터먼트(Betterment)

_____ 선진국에서는 자산관리 서비스를 유료로 받는 것이 일반적이다. 통상 관리 자산의 1% 또는 매년 수수료를 지불하고 일대일 자산관리를 받는데, 과거 자산관리 서비스는 고액 자산가를 위한 프리미엄 서비스였다. 하지만 미국을 비롯한 주요 국가들의 저금리 정책에 따라 정기예금이 아닌 주식 등 다양한 투자원에 대한 일반인들의 수요가 증가하면서, 자산관리에 대한 수요 또한 급증하고 있다.

하지만 기존 자산관리사가 상대적으로 소액 자산을 운용하는 일반인들을 관리하기에는 효율이 떨어진다.

이에 자산관리사 대신 고도화된 알고리즘과 빅데이터를 통해 모바일 기기나 PC를 통해 온라인 자산관리 서비스를 하는 '로보어드바이저(robo-advisor)'가 등장했다. 로보어드바이저는 로봇(robot)과 투자전문가(advisor)의 합성어로 온라인으로 운용되기 때문에 기존 자산관리에 비해 수수료가 저렴하고, 소액도 맞춤형 자산관리 설계를 할 수 있다.

2008년 설립된 '베터먼트'는 로보어드바이저리의 개념을 최초로 정립한 기업 중 하나다. 회사는 자산관리를 요청한 사람에게 로보어드바이저리 소프트웨어를 이용해 소비자의 성향, 투자 목적, 기간 등에 따라 개인화된 투자 포트폴리오를 구성한다. 주식, ETF, 채권 등 다양한 투자 상품을 추천할 수 있으며, 이에 대한 수수료를 0.25%로 받는다. 이는 통상 자산관리사 서비스 대비 4분의 1에 불과한 수수료다. 베터먼트는 2017년 기준 3억 달러의 자산을 운용하고 있다.

금융업의 비즈니스 경험 혁신

수퍼플루이드 시대 소비자는 금융사가 제시하는 상품을 단순 구매하는 방식에서 벗어나, P2P 플랫폼을 통해 자신에게 맞는 더욱 세분화된 금융서비스를 이용할 수 있게 된다. 자동화된 투자자문과 보조 서비스를 통해 금융지식이 없는 일반인도 전문화된 금융서비스를 이용할 수 있다.

보험사기 걱정 없는 P2P 보험,
프렌드슈어런스(FRIENDSURANCE)

_____ 독일 '프렌드슈어런스'는 소셜커머스를 보험에 접목한 P2P 보험 중개 플랫폼이다. 기존 보험회사들은 다양한 직업 및 환경을 가진 사람들의 불특정 리스크로 인해 보험 지급금을 높게 책정했다. 이 때문에 가입자들은 보장액 대비 높은 보험료를 납부해야 했다.

프렌드슈어런스는 동일한 위험 수준을 가진 사람들이 소그룹을 형성해 자동차보험 등에 가입하면 계약한 보험사와 연계해 보험상품을 제공한다. 이렇게 만들어진 소그룹에서 보험료 청구가 없으면 미리 낸 보험료는 일정액을 환급받는다. 구성원들은 보험료를 돌려 받기 위해 사고 확률을 줄이기 위한 노력을 하기 때문에 보험금 청구 확률은 일반 보험에 비해 낮다.

하지만 프렌드슈어런스는 온라인으로 운영해 최소한의 비용으로 운영하고, 보험금 청구건 발생 시 상품 보장 범위에 따라 맞춤형으로 보험금을 지급한다. 프렌드슈어런스는 자동차, 자전거, 주택, 소송비용 등 다양한 보험 서비스를 중개하며 AXA를 비롯한 70여 개 보험사와 제휴를 통해 상품을 제공하고 있다.

블록체인 기반 항공기 지연 보험, AXA

_____ AXA는 2017년 블록체인 기반 스마트 계약방식의 항공기 지연 보험상품을 출시했다. 이 보험은 출발 15일 전 보험상품을 구매하면 실시간 항공교통정보 시스템과 연계해 항공기 지연 시 별도의 보험금 청구절차 없이 자동으로 보험금이 지급된다. 계약부터 보상까지의 절차가 간소화되고 보험금 지급 속도의 향상으로 인해 소비자들이 더 나은 경험을 할 수 있다.

블록체인 기반 여행자보험 서비스 상용화 사례-AXA

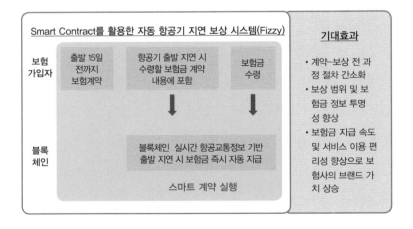

소셜 트레이딩 네트워크,
스와이프스톡스(SwipeStox)

_____ 스와이프스톡스는 일반인뿐만 아니라 전문 투자자도 참여 가능한 소셜 트레이딩 네트워크다. 사용자들은 자신의 투자 아이디어를 등록할 수 있으며 다른 사용자들은 등록된 투자 아이디어 중 우수 전략을 따라해 투자할 수 있다. 투자는 주식뿐 아니라 외환, 상품(commodities)도 가능하고 모바일로 쉽게 사용할 수 있다. 누군가가 자신의 투자전략을 참고하면 투자전략 제공자는 보너스를 보상으로 받을 수 있다.

금융지식이 부족한 사용자도 스와이프스톡스에서 제공하는 소셜트레이딩 플랫폼을 통해 투자에 대한 아이디어와 의견을 공유하고 자신의 주식계좌를 등록하여 손쉽게 투자를 진행할 수 있다. 이는 투자자문, 투자 집행, 투자 관련 소셜네트워킹 등 파편적으로 제공되던 금융 투자 서비스를 통합해 소비자에게 더 나은 경험을 제공한다.

금융업의 비즈니스 영역 혁신

금융산업은 규모의 경제가 핵심 경쟁력으로 수천만 명의 고객을 가진 대형 업체 위주로 시장이 형성되어 있다.

금융 회사들은 전통적 서비스인 대출, 주식 중개, 카드 발급에 국한하여 사업을 영위해왔으나, 이제 수천만 명의 가입자 정보를 기반으로 라이프스타일 플랫폼 기업으로 변신하고 있다.

금융업체들의
플랫폼 비즈니스 확장

─────── 금융업은 다양한 형태로 진화해왔지만 근본은 자금의 유통·공급과 직접적인 관련이 있는 업무에 한정됐다. 전통적인 은행업, 신탁업, 증권업, 보험업에서 일부 영역이 확장됐지만, 여전히 근본적인 사업영역은 변하지 않았다.

하지만 혁신적인 디지털 기술이 등장하면서 금융의 범위는 급속도로 확장되고 있다. 소비자가 금융업체를 찾아가는 것이 아니라 금융업체가 금융서비스가 필요한 소비자들을 찾게 됐다.

이에 따라 각 금융업체들은 기존 고객들에게 다양한 혜택을 제공하고, 잠재적인 고객을 확보하기 위해 금융 관련 서비스를 플랫폼으로 제공하고 있다.

플랫폼 사업은 금융업체에게 새로운 도전이었지만, 기존 고객들의 충성도를 강화할 수 있고, 신규 고객을 자체적으로 확보할 수 있는 채널 역할을 하면서 각 금융업체들이 적극적으로 뛰어들고 있다.

블록체인 기반 포인트 연계 플랫폼 '하나멤버스'

하나금융은 2015년 자사의 고객을 대상으로 홍콩 최대 마일리지 프로그램 '아시아마일'을 포함해 11개국의 31개 업체가 참여하는 통합 포인트 시스템을 구축했다.

하나금융의 포인트인 '하나머니'는 경쟁사 포인트와 달리 다양한 제휴사를 통해 적립이 가능하고 흩어져 있는 포인트를 합산해 KEB하나은행 ATM에서 현금화할 수 있다. 반대로 포인트 거래소를 통해 현금으로 포인트를 구입할 수 있는 등 암호화폐처럼 사용할 수도 있다. 모바일 간편 결제 또한 제공되며, 이러한 기능들은 대안 결제 수단으로 활용될 수 있다.

예를 들어, 중국인이 한국을 여행할 경우, 별도의 환전할 필요 없이 포인트 구매 후 한국에 도착해서 하나은행 ATM을 통해 출금할 수 있다. 이렇게 하면 송금 또는 환전 수수료를 내지 않을 수 있으며, 간편 결제 또한 수수료가 해외 신용카드 대비 3분의 1 수준인 0.5%에 불과하다. 포인트 시스템은 블록체인 기술을 활용해 데이터 실시간 처리 및 정합성 확인이 가능하다.

스마트 부동산 거래 모바일 서비스, KB국민은행 '리브온(Liiv On)'

KB국민은행의 모바일 부동산 서비스 '리브온'은 부동산 담보 대출 서비스를 제공하는 은행의 지평을 넓힌 서비스다.

KB국민은행은 그동안 부동산 담보대출 심사를 통해 부동산 관련 노하우를 축적해왔으며, 이를 토대로 부동산 데이터와 금융을 하나의 플랫폼에 담은 서비스를 출시했다. 리브온은 주택 시세와 매물정보, 주택거래에 필요한 금융정보와 대출 설계, 학군·공원·교통 등 매물 분석을 손쉽게 하기 위한 스마트 기능을 모바일로 구현했다.

예를 들어, 길을 가다 아파트를 스마트폰 앱 카메라로 인식하면, 아파트 관련 각종 정보를 검색할 수 있다. 실시간으로 부동산 매물 검색 후 바로 대출 조회 및 신청도 가능해 경쟁 부동산 정보 플랫폼보다 높은 편의성을 제공한다. 또한 1,000개가 넘는 지점과 13,000개에 달하는 협력 공인중개사를 통해 축적된 부동산 시세 정보를 활용할 수 있어 정확한 서비스를 제공한다는 점도 강점이다.

신한금융그룹 모바일 앱 '신한판(FAN)'

신한금융그룹 '신한판'은 2016년에 시작한 모바일 금융서비스다. 고객이 보유한 포인트를 플랫폼 내에서 통합 관리하고, 이를 그룹계열사 및 다양한 제휴업체와 연계해 사용 가능하도록 제공하는 통합 리워드 서비스다.

신한판 포인트는 신한은행 서비스 수수료 지불이나 신한카드 사용, 신한금융투자 수수료, 신한생명 보험 납입 등에 사용할 수 있다. 자사 계열사뿐 아니라 현대백화점 포인트, CJ ONE, 아모레 뷰티포인트, SSG머니, 다이소 포인트, 홈플러스 포인트 등 이종업체 포인트, 대한한공과 아시아나 항공 등 마일리지와도 연계된다.

신한판은 2017년 기준 800만 명의 사용자를 보유했으며, 적용 가능한 분야를 지속적으로 확대하고 있다.

이종사업자들의
금융업 진출 가속화

_____ IT업체들이 자사가 구축한 디지털 경험을 기반으로 금융업에 직접 진출하고 있다. 이들은 기존 금융업체에 비해 회사 규모는 작지만 모바일 컴퓨팅과 빅데이터, 인공지능 데이터 분석 등을 활용하면서 기존 금융업체들이 수십 년간 쌓아온 기술력을 단기간에 뛰어넘고 있다.

이들 기업들은 새로운 기술을 적극적으로 도입하고 창의성과 기술을 결합한 금융서비스를 개발해 금융부문을 재편하고 있다.

핀테크 스타트업뿐 아니라 구글, 애플 등 대규모 IT 인프라를 가진 업체들이 글로벌한 금융서비스를 추진하고 있다.

이들 기업은 모바일, 생체인식, 인공지능, 사물인터넷, 블록체인, 클라우드, 빅데이터, 보안 등 수퍼플루이드 시대 핵심 기술로 금융업을 공략하고 있고, 기존 금융업체들이 높은 위험부담과 수수료 때문에 간과했던 해외 시장까지 세부적인 금융서비스 영역을 혁신하면서 기존 금융사들을 위협하고 있다.

전통적인 금융사들도 수퍼플루이드 시대에 맞는 변신을 시도하고 있지만, 그동안 배타적인 규제 속에서 영위했던 영업방식에서 크게 벗어나 혁신하는 업체는 손에 꼽는다.

반면 규제 밖에 있는 핀테크 스타트업, ICT 기업들은 높은 효율과 편리성을 무기로 금융시장이 열리기만을 기다리고 있다.

빅데이터로 운영되는 인터넷 은행, 라쿠텐은행

기존 은행들은 자산규모로 경쟁을 벌여왔지만, 외부에서 금융업에 뛰어드는 기업들은 빅데이터와 인공지능 등 새로운 기술을 자산 삼아 패러다임을 바꾸고 있다.

라쿠텐은행은 온라인 쇼핑몰 라쿠텐이 2010년 인수한 인터넷 전문 은행이다. 라쿠텐은 금융업에 진출하기 위해 2001년 설립된 인터넷 은행 e뱅크를 2010년 인수했다.

회원 간 거래서비스에 입출금 수수료를 무료로 제공하며, 자체 ATM 없이 우체국과 편의점 ATM을 이용한다.

자사 쇼핑몰 회원이 라쿠텐은행을 통해 대금을 결제할 경우 할인해주는 혜택 등을 제공하면서 기존 회원들을 라쿠텐은행 회원으로 유입하는 데 성공해 600만 계좌를 확보했으며, 예금잔액은 2조 엔(20조 원)에 달한다.

이전에도 일본에는 인터넷 은행이 있었지만, 라쿠텐은행은 계좌번호 없이 이메일로 송금할 수 있는 기능, 스마트폰을 활용한 온라인 금융서비스에 집중해 일본 내 1위 인터넷 은행으로 성장했다.

또한 라쿠텐의 9,000만 명에 달하는 회원 이력을 빅데이터로 분석해 개인맞춤화 금융서비스에 적용하고 있다.

고객 신용도를 SNS로 분석하는 인터넷 은행, '위뱅크'

중국 IT 기업 텐센트가 2015년 설립한 인터넷 은행 '위뱅크'는 설립 2년 만에 60조 원에 달하는 대출 실적을 기록했다.

위뱅크는 금융의 본질인 리스크 관리를 SNS를 통해 진행해 비용은 낮추고, 효율은 높여 차별화했다.

위뱅크는 기존 은행들이 금융기록을 바탕으로 확인된 사람에게만 대출을 해주는 것에 반해, 위챗, QQ 등 SNS와 모바일 메신저 사용 기록을 바탕으로 대출을 결정한다.

예를 들면, 전화번호나 아이디를 자주 바꾸거나, 다수의 친구들에게 차단된 연락처를 가지고 있는 사람은 블랙리스트로, 장기간 같은 아이디, 전화번호를 사용한 사람은 화이트리스트로 분류해 즉시 대출할 수 있도록 했다.

복잡하고, 비용이 많이 들었던 신용등급 확인을 실시간으로 바꿔 기존 은행과 편의성, 속도 격차를 만들었다. 위뱅크는 이외에도 모바일 결제 기록, 쇼핑 기록 등 다양한 정보를 추가해 신용평가에 반영하고 있다.

전자상거래 결제 대신해주는 후불결제서비스, '페이디(Paidy)'

2008년 설립된 일본 핀테크 스타트업 페이디는 신용카드보다 현금 사용을 선호하는 일본 소비자 특성상 온라인 쇼핑 시 대금결제가 어렵다는 점에 착안해 만든 후불결제 금융서비스다.

사용자는 신용카드가 없어도 메일 주소와 휴대전화 번호만 있으면 페이디 결제서비스로 온라인 쇼핑을 할 수 있다. 온라인 쇼핑 시 결제할 때 페이디에서 보내는 SMS 인증번호로 인증하면, 페이디에서 대금을 미리 결제하고 매달 말일 지정된 계좌로 대금을 입금하면 된다. 은행으로 대금을 입금하면 무료지만 편의점 ATM을 이용할 경우 수수료를 받고, 할부 서비스 등을 제공하는 것이 수익모델이다.

창업자인 러셀 커머(Russell Cummer)는 일본이 다른 나라에 비해 신용카드 수수료가 높고, 해킹 위험 때문에 신용카드 사용 비중이 낮다는 점에 착안해 페이디를 만들었다.

페이디는 회원 가입이나 계정 없이 온라인 서비스를 할 수 있다는 독특한 사업모델을 인정받아 550만 달러 시리즈 C 투자를 받았다. 페이디는 현재 140만 명의 가입자를 확보하고 있다.

이제까지 수퍼플루이드는 무엇이고, 각 산업에 어떤 생태계 변화를 미치는지, 그리고 자동차, 유통, 금융 등 주요 산업 부문이 어떻게 변화하고 있는지 사례를 통해 살펴봤다.

이런 변화는 산업별 기술 성숙에 따라서 시기적인 차이는 있겠지만, 결국 인터넷이 모든 산업에 확산된 것처럼 전 영역에 영향을 미치게 된다.

그렇다면 수퍼플루이드 시대를 대비하기 위해 기업들은 어떤 노력을 해야 할까? 우선 수퍼플루이드를 통해 바뀌는 각 부문별 승자독식 체제에 대비해야 한다. 우선 디지털 혁신을 통해 경쟁력을 확보하고, 패스트팔로어가 아닌 리더로서 플랫폼을 구축해야 한다. 시장은 확대되고 개별 수익은 낮아지는 변화에 대응하기 위해 업무 영역 전체에서 디지털 혁신을 통해 보이지 않는 비효율까지 제거해 수익을 개선해야 한다.

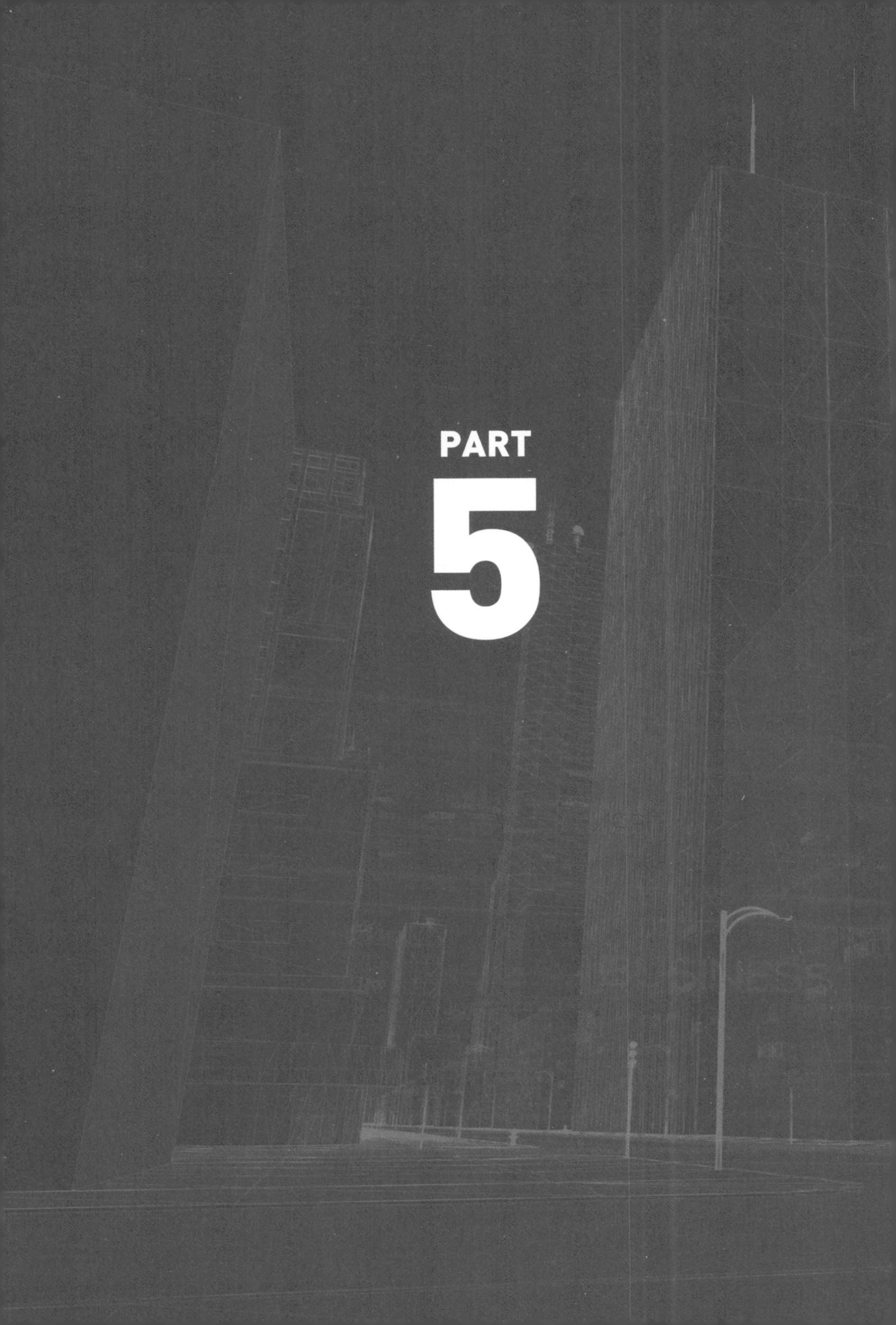

PART 5

수퍼플루이드 시대,
한국기업의
생존 전략

앞서 살펴본 것과 같이 인터넷이 기존 산업구도를 재편한 것처럼 수퍼플루이드도 인터넷으로 바뀐 산업을 재편한다.

각종 산업 내 파괴적 혁신(Disruption)이 발생하고 더 이상 전통적 강자가 존재하지 않게 되는 것이 바로 수퍼플루이드 시대다. 이와 관련해서 EY는 기업들의 대응을 4대 생존 전략으로 구분해서 제안한다.

첫째, 각 업종별 특성과 상관없이 디지털 경쟁력 확보를 위한 사업의 신속한 재편, 둘째, 디지털 혁신을 기반으로 한 신사업 진출, 셋째 디지털 플랫폼 생태계의 선제적 구축, 마지막으로 수익구조 개선을 위한 디지털 업무 혁신이다.

모든 기업들은 저마다 혁신을 하고 있지만, 방향성에 따라서 결과는 완전히 달라진다. 지금 하고 있는 혁신이 기존 시장

을 두고 진행하는 것인지, 수퍼플루이드 시대에 맞는 혁신인지
재고해야 한다.

수퍼플루이드 시대,
듀얼 스트레티지
(Dual Strategy)로
대응하라

수퍼플루이드는 어려운 용어가 아니다. 인터넷이 산업을 재편한 것처럼 혁신적인 디지털 기술이 융합해 만드는 새로운 환경이다. 그동안 변하지 않았던 각 산업들이 디지털 산업화로 바뀌면서 산업의 본질이 바뀌고, 경쟁구도도 바뀐다.

이런 변화는 산업 전반에 영향을 미치기 때문에, 물리적인 자산을 기반으로 경쟁해온 산업에 충격을 가져온다.

규모의 경제로 산업을 주도해온 전통적인 강자들은 변화에 적응하지 못하고 무너지는 위기를 겪는다. 반대로 디지털 혁신을 적극적으로 도입한 기업들은 재도약할 수 있는 기회가 된다.

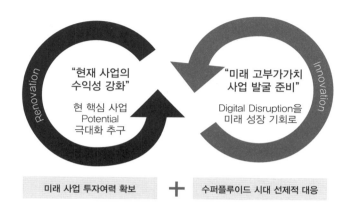

수퍼플루이드 시대 기업들은 어떻게 대응해야 할까? 우선 전사적인 관점에서 각 사업영역을 진단해야 한다. 진단을 통해 파악된 비효율적인 업무흐름, 관성적으로 처리해야 했던 부분은 업무표준화를 통해 자동화해 효율을 높인다. 기업들은 개선할 과정을 최대한 새로운 디지털 기술로 단순화하고, 통합해야 한다. 이렇게 확보된 핵심 역량을 바탕으로 진출할 수 있는 신사업을 모색해야 한다.

결국, 수퍼플루이드 시대 효과적 대응을 위해서는 현재 사업의 수익성을 강화하고, 미래 고부가가치 사업 발굴을 준비하는 '듀얼 스트레티지(Dual Strategy)'를 추진해야 한다.

수퍼플루이드 시대에는 디지털로 업무를 혁신하는 것이 필수다. 이 혁신은 전사적인 차원에서 진행되는 것과 동시에 부분적으로도 진행해야 한다.

EPC(Engineering, Procurement, Construction) 산업은 전통적으로 혁신이 가장 보수적으로 진행된 부문이다. 하지만 이 부문에서도 최근 혁신이 도입되고 있다. 증강현실(AR)과 가상현실(VR)을 통해 설계를 예측하고, 항공기를 사용해야 했던 항공측량 부문은 드론으로 대체한다. 3D 프린터로 맞춤형 자제를 조달하고, 인공지능과 센서기술을 통해 문제가 생길 수 있는 부분을 선제적으로 유지·보수하는 사례가 등장하고 있다. 이런 혁신은 EPC 업체들이 공사기간을 단축하고, 부실시공을 막아내는 등 업무효율을 개선하는 데 활용된다.

사무실에서 발생하는 단순 반복적인 업무도 디지털 기술을 활용해 혁신할 수 있다. 생산, 물류 등 물리적인 작업이 필요한 부분은 로봇과 공장자동화를 통해 생산력을 이미 끌어올렸지만, 사무작업은 눈에 띄는 생산성 향상이 진행되지 않고 있다.

특히, 우리나라 기업들은 제조, 생산 등에 솔루션을 도입해 업무를 개선하는 노력은 지속적으로 하고 있으나, 사무실 안에서의 업무는 아웃소싱을 제외하고는 혁신에 소극적이다. 사무업무에서 충분히 자동화로 해결할 수 있는 일도 관성적으로 처리해 전체적인 업무효율 저하를 초래한다.

사무실 내 업무도 사람이 아닌 로봇이 처리하는 '로봇 프로세스 자동화(RPA-Robotic Process Automation)'로 효율적으로 개선할 수 있다. 여기서 로봇은 물리적인 로봇이 아닌 단순 사무업무를 소프트웨어 기반으로 자동화해 생산력을 높이는 솔루션이다.

RPA는 엑셀이나 워드프로세서에서 단순 작업을 반복 처리하는 매크로를 확장한 개념으로 데이터 입력, 이메일 보내기, 전사적자원관리(ERP) 등에 적용할 수 있다. 국내도 일부 기업들은 RPA를 도입해 생산력을 높이는 데 활용하고 있다. 기업들은 RPA 도입으로 기존 반복 사무작업을 하는 인력을 좀 더 가치 있는 일에 배치할 수 있다.

최근 RPA는 인공지능, 딥러닝, 클라우드와 접목해 더 지능화된 업무를 할 수 있는 RPA 2.0으로 진화하고 있다.

구체적으로 제조부문에는 자재, 생산관리를 위한 데이터 조회 및 ERP 입력, 물품 대금 및 작업비 청구서 프로세스, 세금계산서 처리 자동화에 적용할 수 있다. 유통부문은 재고관리 입력과 승인, 수출입 선적 서류처리, POS 데이터 입력과 보고서 작성 등에도 활용된다. 금융부문은 비대면 계좌개설 승인 또는 거부, 신용등급 조회, 투자분석 정보 취합과 보고서 작성 등에 활용할 수 있다.

실제 국내 금융사 한 곳에서는 EY가 제시한 RPA 2.0을 업무에 적용해 업무 효율을 60% 가량 개선했다.

기존 사업의
신속한 재편

수퍼플루이드 시대 이전의 사업재편은 주로 한계사업 정리를 통해 부채비율을 개선하는 등 재무성과 개선이 주목적이었다. 대기업들은 다양한 분야에 걸쳐 사업을 진행해왔는데, 이는 다양한 시장에 대한 대응이자, 사업 포트폴리오 관점에서 경영위기 발생 시 대안(Risk Hedging) 용도로 활용할 수 있었기 때문이다.

그러나 수퍼플루이드 시대의 사업재편은 불필요한 사업부를 매각하여 재원을 마련하고, 이를 기반으로 조직을 디지털화해 성장 사업으로 빠르게 전환하는 것이 목적이다. 사업재편은 과

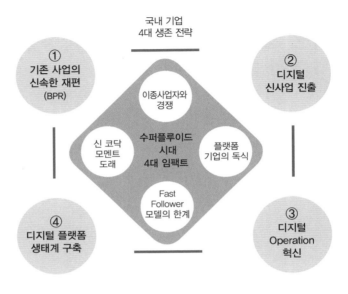

감하고 도전적인 실행력이 필요하다. 매각대상이 기업의 모태사업이거나 핵심 사업일지라도 전면적으로 수정할 수 있는 결단력으로 진행해야 한다.

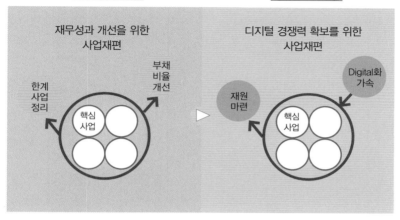

가전 기업에서 헬스케어 기업으로, 필립스

_____ 필립스는 창립 후 약 100년 이상을 전자제품 위주로 생산해온 제조업체다. 1891년 백열전구 생산업으로 시작해 CD, DVD 플레이어 PC, 반도체와 부품 등 전자제품으로 영역을 확장하며 GE, 소니와 함께 20세기 전자산업 내 강자로 군

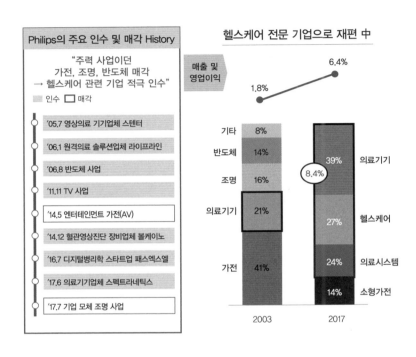

필립스의 재무성과 및 포트폴리오 변화

Philips의 주요 인수 및 매각 History

"주력 사업이던
가전, 조명, 반도체 매각
→ 헬스케어 관련 기업 적극 인수"

■ 인수 □ 매각

- '05.7 영상의료 기기업체 스텐터
- '06.1 원격의료 솔루션업체 라이프라인
- '06.8 반도체 사업
- '11.11 TV 사업
- '14.5 엔터테인먼트 가전(AV)
- '14.12 혈관영상진단 장비업체 볼케이노
- '16.7 디지털병리학 스타트업 패스엑스엘
- '17.6 의료기기업체 스펙트라네틱스
- '17.7 기업 모체 조명 사업

헬스케어 전문 기업으로 재편 中

매출 및 영업이익: 1.8% → 6.4%

2003:
- 기타 8%
- 반도체 14%
- 조명 16%
- 의료기기 21%
- 가전 41%

2017 (8.4%):
- 의료기기 39%
- 헬스케어 27%
- 의료시스템 24%
- 소형가전 14%

림했다.

하지만 2001년 닷컴 버블을 맞으면서 필립스도 다른 기업처럼 경영위기에 봉착했다. 당시 필립스는 일반 소비자 대상 완제품 사업과 기업대상 부품 사업 등 특성이 다른 사업을 문어발식으로 운영했다.

필립스는 2001년 매출액이 1996년 대비 30% 급감하고, 영업손실은 최대치를 기록해 1년 만에 주가가 3분의 1로 떨어지는 등 사업재편 필요성을 맞게 된다.

이에 필립스는 회사를 대표해온 휴대폰, 오디오 사업부를, 2006년에는 팩스 사업부를 매각한다. 3년간 필립스 공장 수를 기존 대비 약 40%로 줄이고, 직원 수도 25%까지 줄였다. 필립스는 2006년 반도체 사업부까지 매각하면서 구조조정을 비용절감이 아닌 새로운 사업을 찾는 동력으로 삼았다.

회사는 이후 향후 성장성이 높은 의료기기, 조명사업을 인수하고 전자기업에서 '라이프스타일 기업'으로 탈바꿈했다. 필립스는 향후 인구고령화, 건강에 대한 관심이 높아지는 추세에 맞춰 사업의 초점을 건강과 웰빙으로 전환했다. 2003년 필립스 전체 매출에서 의료기기가 차지하는 비중이 21%였지만, 2017년에는 전체 39%로, 헬스케어와 의료시스템을 포함하면 84%로 성공적으로 라이프스타일 기업으로 변신했다.

주력사업이었던 하드웨어에서 IT솔루션으로, IBM

_____ 1911년 토머스 J. 왓슨과 찰스 R. 플린트가 설립한 IBM은 사무용 하드웨어를 제조해왔으며 기업용, 개인용 컴퓨터를 개발, 확산시킨 업체다. 1990년 IBM의 매출 절반 이상은 하드웨어일 정도로 하드웨어 중심의 사업을 이어왔다. 하지만 1991년 컴퓨터 시장이 개인용 컴퓨터로 재편되면서 기업용 컴퓨터에 집중해온 IBM은 창사 이후 처음 적자를 내는 등 문제에 직면하게 된다. 이에 IBM는 변화된 시장에 대응하기 위해 소프트웨어 사업자와 전략적 제휴를 맺고 제품 설치, 사후관리 서비스까지 제공하는 등 하드웨어 중심에서 하드웨어와 소프트웨어를 결합한 솔루션 제공으로 전환한다.

2004년에는 중국 기업 레노버에 PC사업부를 매각하며, 일반 사용자 대상 하드웨어 사업에서 철수한다. 이 같은 과감한 결정은 기업 탄생부터 하드웨어 중심이었던 IBM의 체질이 완전히 바뀐 것을 의미한다.

IBM 하드웨어 매출은 1997년부터 2014년까지 약 40% 감소했지만, 솔루션 사업은 25% 증가했다. 수익성 또한 개선돼 2001년부터 2016년까지 15년간 영업이익이 약 17% 개선됐다.

IBM은 단순 솔루션 제공에 그치지 않고 클라우드, 인공지능, 사물인터넷(IoT) 등 IT 핵심 부문에 공격적으로 투자하며 완전한 솔루션 업체로 거듭나고 있다. 하드웨어 부문을 매각, 재편하는 것과 달리 솔루션 부문은 2013년 클라우드 플랫폼 업체 소프트레이어(SoftLayer)를 2조 4,000억 원에 인수하고, 2015년 인공지능 스타트업 알케미 API(Alchemy API)를 인수하는 등 미래 기술에 적극 투자하고 있다.

IBM은 향후 IT 환경이 단순 연산을 통해 진행되는 방식이 아니라 인공지능(AI)과 빅데이터를 결합한 알고리즘 중심의 인지컴퓨팅(Cognitive Computing)으로 전환될 것으로 전망하고 있다. IBM은 인지컴퓨팅 핵심 기술인 '왓슨(Watson)' 솔루션을 개발하여 의료, 쇼핑, 금융산업 등에 활용하고 있다.

가전회사에서 제조 솔루션 기업으로, GE

_____ 1892년 토마스 에디슨이 설립한 GE는 가전산업을 주력으로 130년간 에너지, 인프라, 항공, 헬스케어 등을 통해 연평균 매출 1,000억 달러 이상, 12개 사업부서, 약 30만 명에

GE는 적극적 포트폴리오 재편을 통해 디지털 솔루션 사업 중심으로 핵심 사업 재편

Change the horse			고부가가치 영역으로 재편
~1980	~2000	~2014	
전기/제조	금융서비스	에너지/인프라	제조 기반 솔루션
전력 및 제조업이 main 사업	금융 사업 자산 인수(가전, 자원 사업 매각)	에너지/인프라 집중(비관련 사업부 매각)	소프트웨어 기반으로 제조업을 혁신하는 '디지털 SW 기업' 표방
가전 25%	금융 51%	에너지/인프라 44%	산업 솔루션과 SW 75%
전력생산 22%	금융 에너지 /인프라 27%	항공 21%	– 산업인터넷 솔루션 Predix 활용, 항공엔진, 헬스케어 사업과 연계 산업인터넷 보안 개발사 월드테크 인수('14)
산업재 16%	항공 8%	헬스케어 15%	
기타 37%	기타 27%	기타 20%	신재생 에너지
항공엔진, 원자재, 금융 등	자동차부품, 가전 등	금융, 가전 등	Alstom의 에너지 및 그리드 부문 인수('15)

달하는 직원을 운영해왔다.

GE는 현재까지 남아 있는 유일한 다우존스 출범 당시 기업이기도 하다. 다른 기업들이 사라진 데 반해 GE가 살아남은 것은 성장가능성과 수익성 높은 사업에 집중한다는 단순하고 실리적인 전략을 추구하고 있기 때문이다.

2001년 GE는 금융사업에서 인프라사업, 인프라사업에서 제

조 기반 디지털 솔루션 회사로 전환하는 등 공격적인 혁신을 거듭해왔다. GE는 2003년 사모펀드 블랙스톤(Blackstone)에 채권보험 부문을, 2006년 스위스리(Swiss Re)에 재보험사업을 매각하는 등 당시 사업 비중 51%에 달하는 금융서비스에서 철수했다.

대신 생명과학, 보안, 정수, 재생에너지 분야 등 성장부문에 600억 달러 이상을 투자해 종합 인프라 기업으로 변신했다.

회사는 향후 미래를 밝힐 기술로 어디서나 에너지를 생산할 수 있는 '전천후 에너지(Energy Everywhere)', 뇌 문제를 연구하는 '마인드 매핑(Mapped Minds)', 공장이나 특정 부문에서 기계끼리 연결해주는 '산업인터넷(Industrial Internet)', 지능화된 자동화 공장 '스마트 공장(Brilliant Factories)', 어떤 조건에도 임무를 할 수 있는 '만능 기계(Extreme Machines)', 더 강하고, 가벼운 '수퍼 소재(Super Materials)'의 6개 부문을 최우선 연구과제인 'GE NEXT LIST'로 발표하며 솔루션 업체로의 전환을 선언했다.

GE는 관련 부문 연구를 진행하기 위해 미국 실리콘밸리에 1,400명 규모의 연구센터를 설립했다.

사업부 재편을 통한 미래 기술 투자,
삼성그룹 빅딜

_____ 삼성그룹은 대표적인 국내 대기업으로 주력인 전자산업 이외 바이오, 화학, 물산, 증권, 금융, 중공업 등 10여 개가 넘는 사업을 진행해왔다. 이 중 석유화학과 방위사업은 삼성그룹 사업 기반을 강화하는 데 중요한 역할을 담당했던 사업이다.

2012년 삼성그룹 화학 계열사는 삼성종합화학, 삼성토탈, 삼성석유화학, 삼성BP화학, 삼성정밀화학 등 5개사로 매출액 합계는 11조 원에 달했다. 하지만 미국 셰일가스 생산 증가와 중국의 석화제품 공급과잉으로 석유화학 업황이 침체되면서, 삼성은 2014년 4개 석유화학계열사를 한화그룹에 1조 9,000억 원에 매각했다. 삼성은 수익률이 낮은 석유화학 부문을 매각한 재원을 전자, 금융, 건설 등 부문에 투자해 핵심 경쟁력을 강화했다.

또한 2015년에는 삼성SDI 케미칼 사업부문과 삼성정밀화학, 삼성BP화학 등 화학계열사를 롯데그룹에 2조 6,000억 원에 매각해 그룹 내 화학산업을 완전히 정리했다.

삼성은 수익성이 낮은 사업부는 매각하고, 미래 기술에 대한 투자는 적극적으로 추진했다. 4차 산업혁명 관련 핵심 기술인 사물인터넷(IoT), 클라우드, 인공지능, 빅데이터 등 핵심 기술이 향후 산업을 주도할 것으로 보고 2016년 미국 클라우드 업체 '조이언트(Joyent)', 2017년 IoT 스타트업 '퍼치(Perch)', 인공지능 플랫폼 개발 기업인 '비브 랩스(Viv Labs)'를 인수했다. 삼성은 인수한 기업들을 융합해 4차 산업혁명에 필요한 핵심 생태계를 자체 구축해 대응하고 있다.

수퍼플루이드 시대의 4대 대응 전략 2

디지털 기반
신사업 진출

기업마다 새로운 사업에 대한 탐색과 추진은 지속적으로 이루어지고 있다. 하지만 수퍼플루이드 시대 신사업은 더 이상 전통적인 방식이 아닌 디지털을 활용한 파괴적 확장방식을 통해 추진되어야 한다.

기존 신사업 진출방식은 밸류체인 통합이나 지역 확장 등 단순하고 점진적인 확장방식으로 추진됐다. 앞으로 신사업은 디지털 시대 가속화에 맞춰 기존 핵심 사업과 디지털 기술을 결합해 상승효과를 통해 새로운 영역으로 파괴적인 진출을 시도해야

디지털 기반 신사업 진출 전략

전통적 신사업 진출 1.0

기존 시장 질서 하의
단순 확장

디지털 신사업 진출 2.0

디지털 혁신을 통한
파괴적 방식의 확장

한다. 이에 맞춰 기업들은 인공지능(AI), 사물인터넷(IoT), 빅데이터, 클라우드 등 사업의 효율을 새로운 차원으로 높일 수 있는 기술을 확보해야 한다.

오프라인 매출 정체를 온라인으로 끌어올린, 월마트

──────── 1962년 설립된 월마트는 세계 약 1만 2,000여

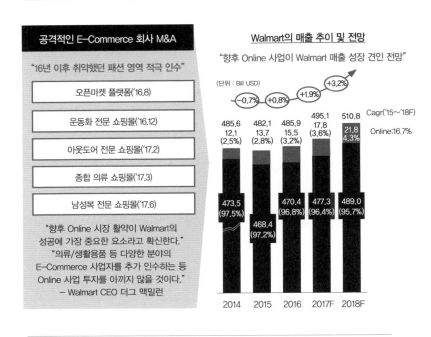

Offline 유통의 전통적 강자인 Walmart의 Online 사업 적극 확장

공격적인 E-Commerce 회사 M&A

"16년 이후 취약했던 패션 영역 적극 인수"

- 오픈마켓 플랫폼('16.8)
- 운동화 전문 쇼핑몰('16.12)
- 아웃도어 전문 쇼핑몰('17.2)
- 종합 의류 쇼핑몰('17.3)
- 남성복 전문 쇼핑몰('17.6)

"향후 Online 시장 활약이 Walmart의
성공에 가장 중요한 요소라고 확신한다."
"의류/생활용품 등 다양한 분야의
E-Commerce 사업자를 추가 인수하는 등
Online 사업 투자를 아끼지 않을 것이다."
– Walmart CEO 더그 맥밀런

Walmart의 매출 추이 및 전망

"향후 Online 사업이 Walmart 매출 성장 견인 전망"

(단위 : Bill USD)

-0.7% +0.8% +1.9% +3.2%

	2014	2015	2016	2017F	2018F
	485.6	482.1	485.9	495.1	510.8
Online	12.1 (2.5%)	13.7 (2.8%)	15.5 (3.2%)	17.8 (3.6%)	21.8 4.3%
Offline	473.5 (97.5%)	468.4 (97.2%)	470.4 (96.8%)	477.3 (96.4%)	489.0 (95.7%)

Cagr('15~'18F)
Online:16.7%

개 매장을 보유한 대표적인 유통업체다. 월마트는 최근 온라인
유통시장이 급성장하면서 기존 사업방식으로는 성장의 한계에
직면하게 된다. 월마트 연평균 매출액은 4,700억 달러로 동종
업계 1위를 유지하고 있지만, 최근 성장세는 0.9%(2012년~2016
년)에 불과할 정도로 저조하다.

월마트가 성장 침체를 겪는 것은 온라인 쇼핑 비중이 높아지고 있기 때문이다. 오프라인 유통시장은 정체되어 있지만, 세계적으로 온라인 쇼핑은 연성장률 20%(2012년~2018년)로 급성장했다.

월마트는 신사업 추진을 위해 2017년 유기농 식품을 전문적으로 판매하는 슈퍼마켓 체인 홀푸드를 137억 달러에 인수했지만 제한적인 확장에 머물렀다.

월마트는 온라인 부문 강화를 위해 2016년 온라인 식료품 쇼핑몰 '제트닷컴'을 30억 달러에 인수하고, 2017년 온라인 쇼핑몰 '보노보스(www.bonobos.com)'를 3억 달러에, '쇼바이닷컴(www.Showby.com)'을 7,000만 달러에 인수했다.

이 같은 공격적인 인수를 통해 월마트는 제트닷컴이 보유한 유동적 가격 변동 알고리즘 등 온라인 기술과 경영 노하우를 빠르게 흡수해 경쟁자인 아마존과 동일 상품의 평균 온라인 가격 차이를 기존 3%에서 0.3%로 줄이는 데 성공했다. 또한 증강현실을 통해 온라인으로 옷을 입어 보는 홀로그램 쇼핑 서비스도 아마존보다 먼저 적용할 수 있게 됐다.

성장 정체를 겪었던 월마트는 온라인 부문 매출 성장률이 연 16.7%(2014년~2018년)에 달해, 향후 온라인 판매가 전체 매출 성장을 견인할 것으로 보인다.

스포츠용품 사업을 헬스사업으로,
언더아머

_____ 1996년 미식축구 선수 출신 케빈 플랭크가 설립한 언더아머는 설립 당시만 해도 기존 업체와 비슷한 전통적인 스포츠용품 업체로 여겨졌다. 하지만 2015년 전통적인 스포츠용품 사업을 벗어나 디지털 기술을 접목한 혁신을 추진하겠다는 '디지털 트랜스포메이션' 전략을 발표한 뒤 헬스기업으로 변신했다.

언더아머는 빅데이터와 클라우드 기술을 활용해 고객에게 실시간, 맞춤 서비스를 제공하는 '커넥티드 피트니스(Connected Fitness)' 플랫폼 구축을 추진한다. 고객의 건강 정보와 웨어러블 기기를 통합해 스포츠 용품만 파는 것이 아니라 고객들이 자신의 건강을 관리할 수 있는 서비스를 받을 수 있게 했다. 언더아머는 2013년 맵마이피트니스(www.mapmyfitness.com)를 1,500만 달러, 2015년 운동관리앱 '엔도몬도'(www.endomondo.com)'를 850만 달러, 체중관리 앱 '마이피트니스팔(www.

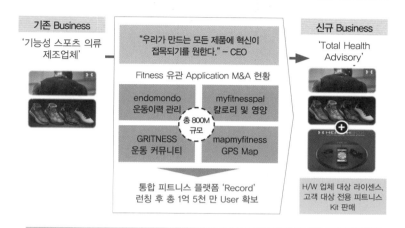

언더아머 신규 사업 진출

기존 Business		신규 Business
'기능성 스포츠 의류 제조업체'	"우리가 만드는 모든 제품에 혁신이 접목되기를 원한다." – CEO	'Total Health Advisory'

Fitness 유관 Application M&A 현황

endomondo 운동이력 관리	myfitnesspal 칼로리 및 영양
GRITNESS 운동 커뮤니티	mapmyfitness GPS Map

총 800M 규모

통합 피트니스 플랫폼 'Record' 런칭 후 총 1억 5천 만 User 확보

H/W 업체 대상 라이센스, 고객 대상 전용 피트니스 Kit 판매

피트니스 'Open 플랫폼' 기반 Health 기기/서비스 사업 영역 확대

myfitnesspal.com)'을 4,750만 달러에 인수했다. 회사는 각 운동, 건강관리 업체를 인수한 뒤 확보한 회원 건강정보를 자사 서비스 '레코드(Record)'로 통합해 2억 명에 달하는 사용자를 확보했다. 사용자는 언더아머 제품에 부착된 센서를 통해 심박수 데이터, 건강관리 목표 달성 현황을 실시간으로 열람, 분석할 수 있다.

언더아머는 전통적인 스포츠용품 사업에 디지털 기술을 접목해 디지털 헬스케어, 피트니스 영역에서 혁신업체로 자리매김했다. 회사는 디지털 헬스 선도기업 입지를 활용해 HTC와 스마트 웨어러블 기기 스마트 체중계, 활동량 측정계, 심박 모니터 기기 등을 선보이는 등 하드웨어 업체를 대상으로 협업과 라이선스 사업을 하고 있다.

타이어를 넘어서 스마트 자동차 산업까지, 미쉐린

_____ 1889년 설립된 미쉐린 타이어는 130년간 승용차부터 화물 트럭까지 다양한 종류 타이어를 생산해왔다.

2013년 미쉐린 CEO 도미니크 세나드는 디지털 기술을 통한 혁신을 위해 '미쉐린솔루션'을 출범했다. 미쉐린솔루션은 트럭 타이어에 센서를 부착해 센서에서 수집된 정보를 분석해 연비를 절감하는 서비스를 발표했다. 트럭 타이어에 부착된 센서는 공기압, 속도, 위치 정보를 수집하고, 이 정보는 클라우드로 저장돼 운전거리, 운전습관 등을 분석해 연료 절감 방안과 타이어 교체 시점을 알려주는 데 활용된다. 이 서비스를 활용하면 트럭 운전사는 주행거리 100km당 최대 2.5리터의 연료를 절감할 수 있으며, 이는 연간 400만 원에 달하는 비용이다.

　미쉐린은 '제품만 좋게 만들면 된다'라는 일반적인 제조업체 관점에서 벗어나, 고객 입장에서 제품 생산과 서비스를 하는 기업으로 탈바꿈했다. 이런 변화는 브랜드 충성도가 낮은 타이어 부문에서 고객 만족도, 충성도, 수익 증가를 만들 수 있는 기회로 작용하고 있다.

플랫폼 기반 제품의
서비스화

전통적인 플랫폼 산업은 개별 산업을 연결해 부가가치를 창
출했다. 하지만 이제는 플랫폼을 중심으로 하나의 생태계가 구
축되고 있다. 소비자도 단일 제품이나 단일 서비스보다는 이용
하기 편리하고 한 번에 다양한 가치를 얻을 수 있는 통합 플랫폼
을 선호하고 있다.

이 같은 변화는 기업이 플랫폼 구축을 중심으로 소비자들을
끌어 모아야 한다는 것을 보여주고 있다. 플랫폼을 선점하지 못
한 기업은 도태될 것이다.

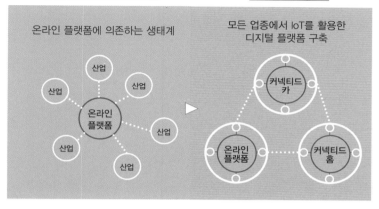

특히, 수퍼플루이드 시대에는 소수의 플랫폼이 관련 시장을 장악하는 '승자독식' 현상이 가속화됨에 따라 플랫폼을 선점하는 것이 핵심 경쟁력이 된다. 기업들은 생존을 위해 과감하고, 적극적인 인수, 제휴를 통해 플랫폼 구축에 힘을 쏟아야 한다.

보안카메라제조에서 시큐리티 플랫폼 서비스로의 확장, SAST

_____ SAST(Security and Safety Things)는 독일 보쉬가 2017년 만든 시큐리티 솔루션 스타트업이다. 보안카메라와 관련 장비를 제조해온 보쉬는 영상보안 산업이 사물인터넷(IoT)과 결합하면서 기존 사업역량으로 대응이 어렵다고 판단해, 보안카메라 관련 솔루션 업체 SAST를 설립했다.

SAST는 보안 카메라를 위한 앱스토어를 만들어, 앱개발자들이 IoT, 인공지능(AI)을 결합한 다양한 앱을 개발해 판매할 수 있도록 제공한다.

그동안 보안카메라 앱은 보안카메라 업체에 종속돼 활용됐다. 하지만 보안카메라에 통신기능과 센서기술이 결합하면서, 스마트폰처럼 다양한 기능을 제공하는 앱의 필요성이 높아지고 있다. 예를 들면 안면인식, 유동인구 분석, 주변 경계, 대기열 관리 등에 활용할 수 있고, 이전까지 하드웨어를 새로 구입해 추가했던 기능을 앱으로 간단히 추가할 수 있다.

SAST는 전 세계 개발자들이 표준 규격에 맞춰 앱을 개발할 수 있도록 지원하고, 플랫폼을 통해 안전하고, 호환이 가능한 앱 유통이 가능하도록 제공할 예정이다. 보쉬는 SAST의 시큐리티 플랫폼 사업으로 인해 새로운 시장을 확보할 수 있게 됐으며, 기존 보안 카메라 사업에서 입지도 확대할 수 있게 됐다.

중국 1위 온라인 교육 플랫폼, 후지앙(www.hujiang.com)

_____ 2009년 설립된 '후지앙(沪江)'은 1억 명의 회원을 확보한 중국 온라인 교육업체다. 회사는 2001년부터 2005년까지 무료로 온라인 영어 교육 서비스를 제공해 가입자를 20만 명 확보했으며, 이후 교육부문을 영어에서, 일본어, 한국어, 프랑스어로 확대했다. 회사는 기존 온라인 교육업체들이 PC나 전화에 집중해 사업을 진행하는 것에 반해, 스마트폰을 중심으로 전용 애플리케이션을 통해 개인 학습 관리 서비스를 제공해 차별화했다.

인기 있는 강사에게 그에 맞는 수익을 배분해 실력 있는 강사들을 확보했고, 현재 4만 명의 강사가 7만 개가 넘는 온라인 강좌를 운영하고 있다.

후지앙은 회원들의 학습 데이터를 빅데이터로 분석해 학습효과를 높이는 데 반영하고 있으며, 부족한 개인강사를 대체하는 인공지능(AI)을 활용한 연구소 'HILL(Hujiang Intelligent Learning Lab)'을 2017년 열었다.

HILL은 학습자의 습관과 환경, 학습 데이터, 응답 데이터 등을 분석해 사용자에 맞는 온라인 강좌를 기획하는 데 활용한다.

커넥티드카 플랫폼,
재규어

_____ 1922년 설립된 재규어는 고급 세단과 스포츠카로 유명한 자동차 회사다. 1989년 미국 포드에 매각된 뒤, 2008년 인도 타타 자동차에 인수되는 등 우여곡절을 겪었다.

재규어는 향후 자동차 시장이 통신기능이 탑재돼 인터넷 연결성과 접근성을 제공하는 '커넥티드카' 중심으로 재편되고 있다는 판단 아래 석유업체 쉘과 공동으로 차량관리를 스마트폰으로 하는 커넥티드카 플랫폼, 재규어 인컨트롤(Jaguar InControl)을 구축했다.

재규어 인컨트롤을 탑재한 자동차는 차내 주유 결제시스템을 통해 현금 없이 간단한 조작만으로 페이팔, 안드로이드페이, 애플페이 등을 통해 주유비를 결제할 수 있다.

이외도 외부에서 차량 문을 열고 닫을 수 있으며, 주행 가능 거리, 경고메시지 등을 스마트폰으로 확인할 수 있다. 차량 위치를 확인하거나 도난, 사고 등을 당했을 때 바로 추적, 지정 번호로 연락 등 기능도 취할 수 있다.

세계적으로 커넥티드카 시장은 2020년 1,400억 달러에 달할 것으로 예상되며, 매년 30% 성장이 예상되는 시장이다. 재규어는 통신, 컨텐츠 등 커넥티드카 관련 기술을 앞세운 업체들이 시장을 공략할 것으로 예상하고, 커넥티드카 플랫폼 '재규어 인컨트롤'을 통해 주도권을 확보한다는 계획이다.

수퍼플루이드 시대의 4대 대응 전략 4

디지털
운영 혁신

수퍼플루이드 시대에 기업들은 가격 경쟁이 치열해지면서 수익구조가 약화된다. 줄어든 수익을 보완하기 위해서는 더 많은 수요자를 끌어들여야 하지만 영향력을 확보할 수 있는 기간까지는 최대한 비용절감과 생산성 향상을 추진해야 한다.

기업들은 제조, 물류, 운영까지 전 영역에서 디지털 혁신을 통한 효율 개선으로 수익성을 제고해야 한다.

스마트 팩토리
– 로봇이 만드는 운동화 공장, 아디다스

──────── 스포츠 용품 업체 아디다스는 로봇을 이용해 운동화를 생산하는 '스피드팩토리(Speed Factory)'를 완공했다. 신발은 대표적인 노동집약형 산업으로 대부분 기업들은 인건비가 낮은 중국, 아시아에 공장을 두고 있다. 하지만 아디다스는 로봇과 3D 프린터 등을 이용해 운동화를 제조할 수 있게 해, 인건비가 높은 지역에 공장을 설립해 운영 중이다. 아디다스가 2018년 4월 미국 아틀란타에 설립한 스피드팩토리는 운동화 생산 대부분 과정을 로봇이 담당해, 기존 제조공장에 비해 3배나 빠르게 신발을 생산할 수 있다. 로봇이 만들기 때문에 임금 수준이 생산성에 큰 영향을 받지 않게 돼, 미국에 대규모 신발 공장을 운영할 수 있다.

현재 스피드팩토리에서는 가격이 높은 한정모델을 대상으로 생산하지만, 향후 스마트 팩토리를 늘리고 자동화 과정을 개선해 판매되는 운동화의 절반 이상을 스피드팩토리에서 생산할 계획이다.

아디다스는 현재 독일과 미국 두 곳에서 스피드팩토리를 운영 중이며, 2020년까지 이 공장에서 100만 켤레의 운동화를 생산하는 것이 목표다.

기존 스마트 팩토리의 경우, 최적화와 자동화가 부분별로 진행되어 효율 개선이 제한적이었다. 수퍼플루이드 시대 공장자동화는 제조과정 전체의 자동화를 의미한다.

물류 혁신
– 자율주행차량과 드론으로 배송, UPS

_____ UPS는 자율주행차량과 드론을 이용한 물류서비스를 추진하고 있다. 자율주행차량에 드론을 싣고 배송지역 근처까지 간 뒤에 드론을 이용해 배송을 진행하는 방식이다. UPS는 드론을 이용한 배송을 통해 UPS 배송차량이 하루에 1마일씩 주행거리를 줄이는 것만으로도 1년에 5,000만 달러(약 550억 원)를 절감할 수 있다고 밝히고 있다. UPS는 이외에도 물류창고에서 패키징, 분류 등에 로봇을 도입해 물류 구간 전체를 자동화한다는 목표를 가지고 있다. 앞으로 증가할 전자상거래에 맞춰 급증하는 물류 수요를 자율주행차량과 드론, 로봇 등 디지털 혁신으로 대응하겠다는 계획이다.

UPS와 같은 배송업체 외에도 온라인 판매, 중개업체를 거치지 않는 직접 판매가 늘어나면서 제조기업부터 유통업체까지 물류비용이 원가에서 차지하는 비중이 높아지고 있다. 물류비용은 제품이 생산되는 과정, 배송되는 과정까지 포함한다. 물건을 분류하고, 재고를 파악하고, 배송하는 부분 모두 비용이다. 이를 줄이기 위해 기업들은 물류에 로봇을 통한 자동화, 재고와 판매 예측 시스템 등을 적용하고 있다.

현재 아마존을 비롯해 물류에 로봇을 적용한 기업들은 기능의 한계 때문에 효율을 높일 수 있는 일부 영역에만 적용하고 있지만, 2020년을 전후로 빠르게 로봇이 물류부문에 투입될 것으로 예상된다. 현재 사람이 한 시간에 400~600개의 물건을 분류할 수 있는 것에 반해 로봇은 100개 미만의 물건을 분류할 수 있다. 하지만 업계에서는 향후 5년 내에 로봇의 분류 능력은 인간을 넘어설 것으로 전망한다.

공장이나 창고 밖에서 벌어지는 물류도 자율주행차량 등장으로 혁신적인 변화가 예상된다. 자율주행차량은 사고 발생률을 낮출 수 있으며, 최적의 경로 설정을 통한 연료비 절감 등으로 비용을 절감할 수 있다. 완전한 자율주행차량이 물류에 투입되기까지 시간이 필요하지만, 부분적으로 도입되는 것만으로도 현재의 물류비용을 절감할 수 있다.

사무자동화(RPA)

- 환자 관련 빅데이터 기반 디지털 의약 처방 시스템, 메이오클리닉

_____ 1889년 설립된 메이오클리닉(Mayo Clinic)은 미국 미네소타주에 있는 종합병원이다. 메이오클리닉은 2017년 15억 달러(약 1조 6,000억 원)을 투자해 환자 기록을 비롯한 병원 전산망을 개편하는 프로젝트를 진행해 마무리 단계다.

메이오클리닉은 증가하는 환자와 다양한 상황에 대비하기 위해 과감한 디지털 투자를 단행했다. 새로운 환자 기록에는 개인의 생물학적 특성, 건강 이력, 유전정보, 식사량, 처방전 등 치료에 필요한 데이터가 포함된다. 새로운 병원시스템은 치료비, 보험금 청구서 등도 연동된다.

메이오클리닉은 암진단과 처방에 IBM 인지컴퓨팅 '왓슨' 서비스도 함께 활용하고 있다. 메이오클리닉은 왓슨과 새로운 시스템을 활용해 환자 체질에 맞춘 처방, 잠재적인 위험 등을 고려한 최상의 의료서비스를 제공하고 있다.

메이오클리닉은 다른 병원들에 앞서 새로운 시스템을 과감하게 도입했다. 새로운 시스템 도입에 필요한 15억 달러는 메이오클리닉 2016년 수익인 11억 달러보다 4억 달러 높다. 비용적인 측면 이외에도 새로운 시스템에 대한 의사와 직원들 대상 교육도 필요하다. 메이오클리닉이 이 같은 단기적인 자금 위험을 감수하고도 디지털 혁신을 추진하는 이유는 기존 시스템으로는 최상의 의료 서비스를 제공할 수 없다는 확신 때문이다.

사무자동화는 1980년 컴퓨터가 도입되면서 각종 사무를 컴퓨터 등으로 작업하는 것을 말했다. 당시 사무자동화는 수기로 진행되는 업무처리를 규격화된 디지털 자료로 만들어 저장하면서, 업무 혁신을 만들었다. 하지만 현재 기업들은 업무를 대부분 PC로 작업하기 때문에 기존 사무자동화로는 업무의 혁신을 만들 수 없다.

수퍼플루이드는 낯선 개념이지만 이미 각 산업마다 일부 또는 상당 부분 적용되고 있다. 분야에 따라 도입되는 시간의 차이는 있겠지만, 결국 인터넷이 대부분 비효율적인 작업을 대체한 것처럼 수퍼플루이드는 다시 한 번 시장을 재편할 것이다.

그동안 수일이 걸렸던 과정과 작업은 수퍼플루이드 환경에서 스마트폰 터치 몇 번으로 진행된다. 네트워크로 진행되는 화면 뒤의 과정은 눈에 보이지 않지만, 물리적으로 여러 번에 걸쳐 처리해야 했던 복잡함은 디지털 기술과 미리 정해진 알고리즘을 통해 순식간에 이뤄진다.

변화의 속도는 인터넷이 처음 시장에 도입될 때보다 더 빠르게 진행되고 있다. 새로운 기술과 서비스가 산업에 영향을 미치기 위해서는 인식, 학습, 적응, 확산이 단계적으로 진행됐지만, 포켓몬고가 단 19일 만에 5,000만 명 가입자를 확보한 것처럼 이제는 도입과 함께 확산이 동시에 진행된다.

결국 기업들은 이전에 세웠던 전략, 적용방식을 버리고 수퍼플루이드 시대에 맞는 디지털 전략을 세워야 한다.

이미 변화를 인식한 기업들은 차근차근 전략을 새로 짜고 있다. 기존 산업에서 영향력을 강화해줄 신사업이 아닌, 경쟁자들을 배제하고 산업을 독식할 수 있는 플랫폼 기업으로서 변신을 추구하는 기업들이 있다.

출발은 차이가 있겠지만 수퍼플루이드 환경에서 먼저 시작한 기업과 후발기업 간 차이는 따라잡을 수 없는 수준의 간격으로 벌어진다. 앞서 설명한 것처럼 플랫폼으로 선두를 차지한 기업 이외에는 순위가 무의미할 정도로 노력에 비해 얻을 수 있는 것은 거의 없다.

공공, 의학, 군사 등 기존 기업들의 역할이 법률로 보장되거나, 후발기업들이 진입하기 어려운 진입장벽이 있는 영역을 제외하고, 전자상거래를 기반으로 하는 모든 산업이 수퍼플루이드로 산업 재편이 빠르게 진행될 것이다.

법률로 보장, 제한되는 부문도 결국 수퍼플루이드 혁신에서 벗어날 수는 없다. 이미 금융, 의학 부문에서 선제적으로 변신을 하는 업체들이 나오고 있다. 오히려 기존 진입장벽으로 보장받던 산업은 다른 산업들에 비해 신기술에 대한 적응도가 떨어져, 수퍼플루이드 영향을 가장 늦게 받더라도, 가장 큰 변화가 벌어질 것이다.

일부에서는 수퍼플루이드와 같은 기술을 과대평가한다는 의견도 있다. 그러나 우리는 이미 몇 번의 디지털 혁신을 경험하면서, 앞으로 벌어질 일을 기존 자료와 방식으로 전망하는 것은 불가능하다는 것을 알았다.

수퍼플루이드가 가져올 변화와 파괴력, 잠재력이 얼마나 될지는 아무도 모른다. 하지만 기업들은 이미 수퍼플루이드가 만든 변화 속에 있으며, 어떻게 대처하는지에 따라서 생존과 성공이 결정될 것이다.

원고 작성에 도움을 주신 분들

- EY Global | **Jay Nibbe**, Global Market Leader
  Patrick Winter, APAC Area Managing Partner
  Gil Forer, EYQ Leader
  Kristina Rogers, CPR Market Leader

- EY한영 | **서진석** 대표이사
  윤만호 부회장
  윤석진 파트너
  변준영 파트너
  최재원 파트너
  김영석 파트너
  이진명 상무
  고정우 이사
  박경희 이사
  오성언 매니저
  정병석 시니어
  홍원표 주니어

수퍼플루이드 경영 전략

1판 1쇄 인쇄 2019년 1월 5일
1판 1쇄 발행 2019년 1월 13일

지은이 EY한영산업연구원

발행인 양원석
본부장 김순미
디자인 RHK 디자인팀 지현정, 허선희(본문)
해외저작권 황지현
제작 문태일
영업마케팅 최창규, 김용환, 정주호, 양정길, 이은혜, 조아라,
　　　　　신우섭, 유가형, 임도진, 김유정, 정문희

펴낸 곳 (주)알에이치코리아
주소 서울시 금천구 가산디지털2로 53, 20층(가산동, 한라시그마밸리)
편집문의 02-6443-8842　　**구입문의** 02-6443-8838
홈페이지 http://rhk.co.kr
등록 2004년 1월 15일 제2-3726호

ISBN 978-89-255-6538-5　03320

SUPERFLUID